新能源汽车
零部件识别与故障处理 大全

郭建英 主编

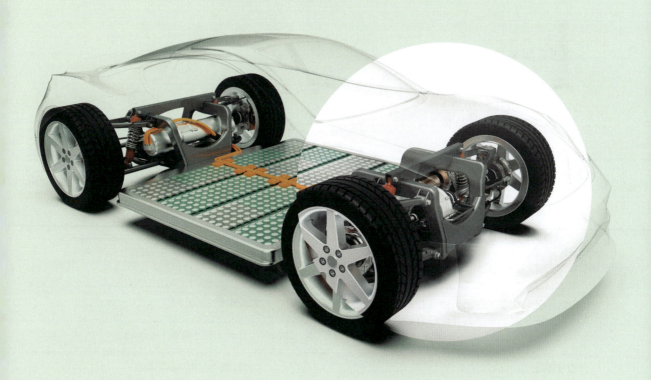

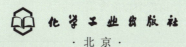

·北京·

内容简介

本书介绍了新能源汽车上各类零部件的类型、特点、外观、结构、安装位置、基本原理和作用、快速识别方法与技巧、常见故障及解决办法，通过彩色外观图、结构图、立体分解图以及在车辆上的安装位置图，并配合简要的识别方法和技巧介绍，使读者对新能源汽车零部件实现初步系统的认识和了解。

全书以精美的彩色图片为主介绍，重要知识点配套讲解视频，由专业视频教学团队精心制作，扫描书内相应章节的二维码即可观看。彩色图文与高清视频讲解有机结合、对照学习，有利于读者快速理解和掌握，达到学以致用的目的。

本书适合新能源汽车维修初学者和入门人员、职业技术院校汽车相关专业师生、汽车维修相关企业培训机构使用。

图书在版编目（CIP）数据

新能源汽车零部件识别与故障处理大全 / 郭建英主编. —北京：化学工业出版社，2023.9
ISBN 978-7-122-43336-7

Ⅰ.①新⋯ Ⅱ.①郭⋯ Ⅲ.①新能源 - 汽车 - 零部件 - 识别 ②新能源 - 汽车 - 零部件 - 故障修复 Ⅳ.① U469.707

中国国家版本馆 CIP 数据核字（2023）第 071014 号

责任编辑：黄 滢　　　　　　　　　　　　　装帧设计：王晓宇
责任校对：宋 夏

出版发行：化学工业出版社（北京市东城区青年湖南街13号　邮政编码100011）
印　　装：河北京平诚乾印刷有限公司
787mm×1092mm 1/16　印张16½　字数437千字　2024年1月北京第1版第1次印刷

购书咨询：010-64518888　　　　　　　　　　售后服务：010-64518899
网　　址：http://www.cip.com.cn
凡购买本书，如有缺损质量问题，本社销售中心负责调换。

定　价：108.00元　　　　　　　　　　　　　　　　　　　　版权所有　违者必究

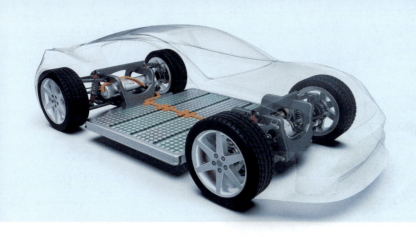

前言
PREFACE

近年来新能源汽车产业发展迅猛，市场占有率逐年增加。而新能源汽车的零部件及其配件种类繁多，且大部分重要零部件的外观、结构都很复杂，汽车技术初学者难以快速识别和掌握。尤其是在汽车维修行业内，一线汽车维修技术工人以及与维修相关的接待人员、销售人员等迫切需要相关的理论书籍作指导。然而目前图书市场上现有图书还远远满足不了此类读者的现实需求。

为了帮助这些人员快速适应汽车维修相关工作岗位的需求，在化学工业出版社的组织下，我们编写了本书。

本书介绍了新能源汽车上各种各样的零部件，内容涵盖新能源汽车上绝大多数零部件及其配件，努力做到全面、系统、实用。书中重点讲解新能源汽车零部件的类型、特点、外观、结构、在车辆上的具体安装位置、基本原理和作用、快速识别方法和技巧、常见故障及一般解决办法。力求通过彩色外观图、结构原理图、立体分解图以及在车辆上安装位置图的对照学习，使读者对新能源汽车零部件实现较全面的认知和了解。

全书以精美的彩色图片为主介绍，重要的知识点配套讲解视频，由专业视频教学团队精心制作而成，只需扫描书内相关章节的二维码即可观看。将彩色图文内容与高清视频讲解有机结合、对照学习，有利于读者快速理解和掌握所学知识点，提高学习效率，进而达到学以致用的目的。力求既适合初中级汽车维修技术人员使用，也可作为职业技术院校师生教学和自学的参考书，以及相关企业的培训用书，对新能源汽车感兴趣的私家车主和汽车驾驶员等也能看懂。

本书由郭建英主编，顾惠烽、彭川、陈浩参编。限于笔者水平，书中疏漏和不足之处在所难免，敬请广大读者批评指正。

编者

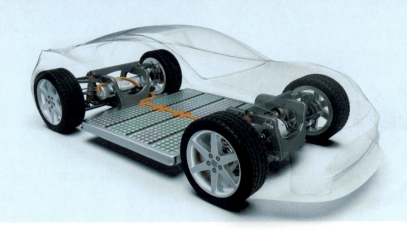

目录 CONTENTS

第1章 高压安全知识

1.1 车辆高压系统的安全标识 …… 1
1.2 车辆高压系统的特点 …… 2
1.3 维修汽车高压系统必备条件 …… 3
1.4 高压电对人体的危害 …… 3
  1.4.1 电流流过人体 …… 3
  1.4.2 电弧 …… 5
1.5 高压线束 …… 6
1.6 纯电动汽车高压系统的组成 …… 7
1.7 混合动力汽车高压系统的组成 …… 8

第2章 驱动电机系统零部件

2.1 电机的类型 …… 9
  2.1.1 电动机 …… 9
  2.1.2 直流电机 …… 9
  2.1.3 三相电机 …… 12
2.2 纯电动汽车电机系统 …… 16
  2.2.1 纯电动汽车驱动电机 …… 16
  2.2.2 纯电动汽车电机的标识 …… 20
  2.2.3 纯电动汽车转子位置传感器 …… 20
  2.2.4 纯电动汽车温度传感器 …… 20
  2.2.5 纯电动汽车电机冷却系统 …… 21
2.3 混合动力汽车电机系统 …… 22
  2.3.1 混合动力汽车驱动电机 …… 22
  2.3.2 混合动力汽车转子位置传感器 …… 23
  2.3.3 混合动力汽车温度传感器 …… 24
  2.3.4 混合动力汽车电机转子和定子 …… 24
  2.3.5 混合动力汽车电机冷却系统 …… 25

第3章 驱动电机控制系统零部件

3.1 纯电动汽车电机控制系统 …… 28
  3.1.1 电驱动装置 …… 28
  3.1.2 双向交流逆变式电机控制器 …… 30

3.1.3　漏电传感器⋯⋯⋯⋯32
　　　3.1.4　霍尔电流传感器⋯⋯⋯33
　　　3.1.5　纯电动汽车高压互锁
　　　　　　接头⋯⋯⋯⋯⋯⋯⋯⋯34
　　　3.1.6　高压电控冷却系统⋯⋯37
　3.2　混合动力汽车电机控制系统⋯38
　　　3.2.1　逆变器⋯⋯⋯⋯⋯⋯38
　　　3.2.2　绝缘栅双极型晶体管
　　　　　　（IGBT）⋯⋯⋯⋯⋯39
　　　3.2.3　混合动力汽车高压互锁
　　　　　　接头⋯⋯⋯⋯⋯⋯⋯⋯41
　　　3.2.4　电机电子装置冷却
　　　　　　系统⋯⋯⋯⋯⋯⋯⋯⋯43
　　　3.2.5　电流传感器⋯⋯⋯⋯45

第4章　高压配电系统零部件

　4.1　纯电动汽车高压配电系统⋯⋯47
　　　4.1.1　高压配电箱⋯⋯⋯⋯47
　　　4.1.2　联合充电单元接口⋯⋯49
　　　4.1.3　接触器⋯⋯⋯⋯⋯⋯51
　　　4.1.4　纯电动汽车DC/DC
　　　　　　转换器⋯⋯⋯⋯⋯⋯⋯53
　4.2　混合动力汽车高压配电系统⋯54
　　　4.2.1　混合动力汽车DC/DC
　　　　　　转换器⋯⋯⋯⋯⋯⋯⋯54
　　　4.2.2　高压配电接口⋯⋯⋯55

第5章　充电系统零部件

　5.1　纯电动汽车充电系统⋯⋯⋯⋯58
　　　5.1.1　车载充电机⋯⋯⋯⋯58
　　　5.1.2　交流充电接口⋯⋯⋯60
　　　5.1.3　直流充电接口⋯⋯⋯62
　　　5.1.4　交流充电系统⋯⋯⋯63
　　　5.1.5　直流充电系统⋯⋯⋯65
　　　5.1.6　纯电动汽车制动能量
　　　　　　回收⋯⋯⋯⋯⋯⋯⋯⋯67
　5.2　混合动力汽车充电系统⋯⋯⋯68
　　　5.2.1　非插电式混合动力汽车
　　　　　　充电系统⋯⋯⋯⋯⋯⋯68
　　　5.2.2　非插电式混合动力汽车
　　　　　　充电冷却系统⋯⋯⋯⋯69
　　　5.2.3　插电式混合动力汽车充
　　　　　　电系统⋯⋯⋯⋯⋯⋯⋯70
　　　5.2.4　插电式混合动力汽车充
　　　　　　电冷却系统⋯⋯⋯⋯⋯72
　　　5.2.5　增程式混合动力汽车充
　　　　　　电系统⋯⋯⋯⋯⋯⋯⋯74
　　　5.2.6　增程式混合动力汽车充
　　　　　　电冷却系统⋯⋯⋯⋯⋯77
　　　5.2.7　混合动力汽车制动能量
　　　　　　回收⋯⋯⋯⋯⋯⋯⋯⋯81
　　　5.2.8　充电系统维修开关⋯⋯82

第6章　动力电池及电池管理系统零部件

　6.1　纯电动汽车动力电池系统⋯⋯83
　　　6.1.1　纯电动汽车动力电池⋯83
　　　6.1.2　纯电动汽车单体电池⋯86
　　　6.1.3　纯电动汽车电池模组⋯87
　　　6.1.4　纯电动汽车排气单元⋯88
　　　6.1.5　纯电动汽车加热系统⋯90
　　　6.1.6　纯电动汽车冷却系统⋯92
　6.2　混合动力汽车动力电池系统⋯96
　　　6.2.1　混合动力汽车动力
　　　　　　电池⋯⋯⋯⋯⋯⋯⋯⋯96
　　　6.2.2　混合动力汽车单体
　　　　　　电池⋯⋯⋯⋯⋯⋯⋯⋯97

6.2.3 混合动力汽车电池模组 ⋯⋯⋯⋯⋯ 98
6.2.4 混合动力汽车冷却系统 ⋯⋯⋯⋯⋯ 100
6.2.5 混合动力汽车温度传感器 ⋯⋯⋯⋯⋯ 101
6.2.6 动力电池维修开关 ⋯⋯ 102
6.3 电池管理系统 ⋯⋯⋯⋯⋯⋯ 103

第7章 减速器/混合驱动桥系统零部件

7.1 纯电动汽车减速器系统 ⋯⋯ 107
    7.1.1 减速器 ⋯⋯⋯⋯⋯⋯⋯ 107
    7.1.2 输入轴 ⋯⋯⋯⋯⋯⋯⋯ 110
    7.1.3 输出轴 ⋯⋯⋯⋯⋯⋯⋯ 111
    7.1.4 差速器 ⋯⋯⋯⋯⋯⋯⋯ 112
    7.1.5 电子驻车锁 ⋯⋯⋯⋯⋯ 113
7.2 混合动力汽车驱动桥系统 ⋯⋯ 114
    7.2.1 混合驱动桥 ⋯⋯⋯⋯⋯ 114
    7.2.2 齿轮组 ⋯⋯⋯⋯⋯⋯⋯ 115
    7.2.3 驻车锁止执行器 ⋯⋯⋯ 117
    7.2.4 驱动桥冷却系统 ⋯⋯⋯ 119

第8章 底盘悬架零部件

8.1 底盘悬架类型 ⋯⋯⋯⋯⋯⋯ 122
    8.1.1 非独立悬架 ⋯⋯⋯⋯⋯ 122
    8.1.2 独立悬架 ⋯⋯⋯⋯⋯⋯ 123
    8.1.3 悬架系统的作用 ⋯⋯⋯ 125
8.2 减振器 ⋯⋯⋯⋯⋯⋯⋯⋯⋯ 126
    8.2.1 前减振器 ⋯⋯⋯⋯⋯⋯ 126
    8.2.2 后减振器 ⋯⋯⋯⋯⋯⋯ 127
    8.2.3 钢板弹簧 ⋯⋯⋯⋯⋯⋯ 128
    8.2.4 空气悬架减振器 ⋯⋯⋯ 129
8.3 稳定杆 ⋯⋯⋯⋯⋯⋯⋯⋯⋯ 131
8.4 控制臂 ⋯⋯⋯⋯⋯⋯⋯⋯⋯ 132
    8.4.1 前悬架控制臂 ⋯⋯⋯⋯ 132
    8.4.2 后悬架控制臂 ⋯⋯⋯⋯ 133
8.5 转向节 ⋯⋯⋯⋯⋯⋯⋯⋯⋯ 134
8.6 轮胎及轮辋 ⋯⋯⋯⋯⋯⋯⋯ 135
8.7 传动装置 ⋯⋯⋯⋯⋯⋯⋯⋯ 136
    8.7.1 后驱汽车万向传动装置 ⋯⋯⋯⋯⋯⋯⋯ 136
    8.7.2 前驱汽车传动轴 ⋯⋯⋯ 138
8.8 轮胎压力监控系统 ⋯⋯⋯⋯ 139

第9章 制动系统零部件

9.1 盘式制动器 ⋯⋯⋯⋯⋯⋯⋯ 142
9.2 鼓式制动器 ⋯⋯⋯⋯⋯⋯⋯ 143
9.3 制动电子装置 ⋯⋯⋯⋯⋯⋯ 144
9.4 鼓式制动分泵 ⋯⋯⋯⋯⋯⋯ 146
9.5 驻车制动装置 ⋯⋯⋯⋯⋯⋯ 147
9.6 电动驻车制动器 ⋯⋯⋯⋯⋯ 148
9.7 ABS防抱死控制单元总成 ⋯⋯ 149
9.8 主缸制动助力器 ⋯⋯⋯⋯⋯ 151
9.9 蓄能器 ⋯⋯⋯⋯⋯⋯⋯⋯⋯ 153

第10章 转向系统零部件

10.1 转向柱 ⋯⋯⋯⋯⋯⋯⋯⋯⋯ 155
10.2 电子助力转向器 ⋯⋯⋯⋯⋯ 157

10.3　电子助力转向器电机⋯⋯⋯⋯159
10.4　转向角传感器⋯⋯⋯⋯⋯⋯160
10.5　转向力矩传感器⋯⋯⋯⋯⋯162

第 11 章　照明、信号系统零部件

11.1　外部照明⋯⋯⋯⋯⋯⋯⋯⋯164
  11.1.1　前照灯⋯⋯⋯⋯⋯⋯164
  11.1.2　尾灯⋯⋯⋯⋯⋯⋯⋯167
11.2　内部照明⋯⋯⋯⋯⋯⋯⋯⋯168
  11.2.1　全景天窗照明装置⋯⋯168
  11.2.2　光刃式 B 柱氛围灯⋯⋯169
11.3　喇叭⋯⋯⋯⋯⋯⋯⋯⋯⋯⋯169

第 12 章　电气系统零部件

12.1　蓄电池⋯⋯⋯⋯⋯⋯⋯⋯⋯171
12.2　熔断器⋯⋯⋯⋯⋯⋯⋯⋯⋯172
12.3　组合仪表⋯⋯⋯⋯⋯⋯⋯⋯174
  12.3.1　纯电动汽车组合仪表⋯174
  12.3.2　混合动力汽车组合仪表⋯⋯⋯⋯⋯⋯⋯⋯⋯176
12.4　抬头显示系统⋯⋯⋯⋯⋯⋯177

第 13 章　制冷 / 暖风系统零部件

13.1　电动空调压缩机⋯⋯⋯⋯⋯179
13.2　冷凝器⋯⋯⋯⋯⋯⋯⋯⋯⋯181
13.3　干燥瓶⋯⋯⋯⋯⋯⋯⋯⋯⋯182
13.4　膨胀阀⋯⋯⋯⋯⋯⋯⋯⋯⋯184
13.5　压力开关⋯⋯⋯⋯⋯⋯⋯⋯186
13.6　蒸发器⋯⋯⋯⋯⋯⋯⋯⋯⋯188
13.7　空调滤清器⋯⋯⋯⋯⋯⋯⋯189
13.8　调节电机⋯⋯⋯⋯⋯⋯⋯⋯190
13.9　鼓风机⋯⋯⋯⋯⋯⋯⋯⋯⋯191
13.10　热交换器⋯⋯⋯⋯⋯⋯⋯192
13.11　高压加热装置⋯⋯⋯⋯⋯193
13.12　传感器⋯⋯⋯⋯⋯⋯⋯⋯194
  13.12.1　高压传感器⋯⋯⋯⋯194
  13.12.2　制冷剂温度传感器⋯⋯194
  13.12.3　制冷剂压力 / 温度传感器⋯⋯⋯⋯⋯⋯⋯195
  13.12.4　车外温度传感器⋯⋯196
  13.12.5　新鲜空气进气道温度传感器⋯⋯⋯⋯⋯⋯⋯196
  13.12.6　日照光电传感器⋯⋯197
  13.12.7　蒸发器温度传感器⋯197
  13.12.8　空气湿度传感器⋯⋯197
13.13　通风系统⋯⋯⋯⋯⋯⋯⋯198

第 14 章　车身系统零部件

14.1　电动门窗⋯⋯⋯⋯⋯⋯⋯⋯201
14.2　电动座椅⋯⋯⋯⋯⋯⋯⋯⋯203
14.3　电动后视镜⋯⋯⋯⋯⋯⋯⋯207
14.4　雨刮机构⋯⋯⋯⋯⋯⋯⋯⋯208
14.5　电动天窗⋯⋯⋯⋯⋯⋯⋯⋯209

第 15 章　安全气囊系统零部件

15.1　驾驶侧安全气囊 …………… 211
15.2　副驾驶侧安全气囊 ………… 213
15.3　头部安全气囊 ……………… 214
15.4　气囊螺旋弹簧 ……………… 215
15.5　安全气囊控制单元 ………… 216
15.6　安全带张紧器 ……………… 217
15.7　膝部安全气囊 ……………… 218
15.8　侧面安全气囊 ……………… 220
15.9　传感器及开关 ……………… 221

第 16 章　驾驶辅助系统零部件识别、作用及工作原理

16.1　定速巡航控制系统 ………… 224
16.2　碰撞警告系统 ……………… 225
16.3　车道偏离警告系统 ………… 226
16.4　侧面碰撞警告系统 ………… 227
16.5　错误行驶警告系统 ………… 228
16.6　优先行驶警告系统 ………… 229
16.7　车道变更警告系统 ………… 230
16.8　交叉路口警告系统 ………… 231
16.9　交通标志识别 ……………… 233
16.10　前方道路预测辅助系统 … 233
16.11　夜视系统 ………………… 234
16.12　注意力辅助系统 ………… 235
16.13　摄像机系统 ……………… 235
　　16.13.1　环视系统 ………… 235
　　16.13.2　外部摄像机操作 …… 238
　　16.13.3　辅助功能 ………… 239
　　16.13.4　远程 3D 视图 ……… 240
　　16.13.5　摄像机系统组件 …… 241
16.14　驻车距离监控系统 ……… 242
16.15　交叉行驶警告系统 ……… 243
　　16.15.1　后部交叉行驶警告系统 ………………………… 244
　　16.15.2　前部交叉行驶警告系统 ………………………… 244
16.16　驻车操作辅助系统 ……… 245
16.17　遥控驻车辅助系统 ……… 247
16.18　车道导向和堵车辅助系统 … 249
16.19　车道变更辅助系统 ……… 251
16.20　避让绕行辅助系统 ……… 252

配套视频目录（扫码观看）

序号	配套视频内容			正文二维码位置
1	拆装高压线束			6
2	检测驱动电机 ABC 三相线束			18
3	检测旋变传感器			20
4	拆装电动机	4.1 拆卸丰田普锐斯电动机 MG1		27
		4.2 安装丰田普锐斯电动机 MG1		
		4.3 拆卸丰田普锐斯电动机 MG2		
		4.4 安装丰田普锐斯电动机 MG2		
5	检查电动机	5.1 检查丰田普锐斯电动机 MG1		
		5.2 检查丰田普锐斯电动机 MG2		
6	拆装北汽 EV160 电机控制器			31
7	拆装丰田普锐斯逆变器			38
8	检测预充电阻			46
9	检测便携式充电桩			
10	拆装荣威 E50 电力电子箱			57
11	拆装荣威 E50 车载充电机（慢充）			61
12	拆装比亚迪 E5 高压控制盒主接触器			63
13	检查维修塞			82
14	拆装动力电池总成	14.1 拆卸动力电池总成		83
		14.2 安装动力电池总成		
15	拆装维修开关	15.1 拆装比亚迪 E5 维修开关		102
		15.2 拆装荣威 E50 维修开关		
		15.3 拆装丰田普锐斯维修开关		
16	比亚迪 E5 动力电池标定			106
17	拆装丰田普锐斯动力电池			

续表

序号	配套视频内容		正文二维码位置
18	拆装齿轮传动机构	18.1 拆卸丰田普锐斯齿轮传动机构	116
		18.2 安装丰田普锐斯齿轮传动机构	
19	拆装丰田普锐斯驱动桥解析器		121
20	检查混合动力蓄电池		171
21	混合动力仪表介绍		176
22	拆装空调压缩机	22.1 拆卸北汽 EV160 空调压缩机	179
		22.2 安装北汽 EV160 空调压缩机	

第 1 章 高压安全知识

1.1 车辆高压系统的安全标识

在新能源车辆中，带危险电压的组件通过如图 1-1-1 和图 1-1-2 所示的安全标签标示出来。

(a) 警告标志：危险电压警告

(b) 高电压组件警告提示牌(规格1)

(c) 高电压组件警告提示牌(规格2)

图 1-1-1　高压系统的安全标识

图 1-1-2　高压系统安全标识示例

1—警告标志：危险电压警告；2—警告标志：易爆物品警告；3—警告标志：电池危险警告；4—警告标志：腐蚀性物品警告；5—禁止标志：禁止明火、火焰和吸烟；6—禁止标志：禁止儿童接触；7—指示标志：注意操作说明和维修说明；8—指示标志：戴防护眼镜；9—高压组件的安全标签；10—氢气流出口；11—冷却循环回路补液罐；12—冷却液管路接口（入口）；13—冷却液管路接口（出口）

1.2 车辆高压系统的特点

（1）高压互锁回路

高压互锁回路用于检测高压电组件线束插接器的连接状态。在没有按照规定程序断开高压供电的前提下拆卸了高压电组件线束插接器，车身控制单元会强令高压系统断电，以防止意外事故的发生（图 1-2-1）。

（2）高压自放电电路

即便按照规定程序断开了手动维修开关，将动力电池从高压电网中断开，但高压系统的部分电路中仍会保持一定范围的高压，该高压仍可能危及接触部件的人，因此高压系统在每次断电后都会强制进行高压电路放电。新能源汽车高压电路中通常有一个主动放电电阻，位于供电电子装置内。关闭高压系统时，不仅供电电子装置内的电容器通过该电阻放电，其他高压系统组件内的电容也通过该电阻主动放电。

第 1 章 高压安全知识

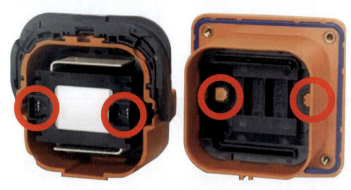

图 1-2-1　高压互锁

（3）绝缘监控电路

高压电网采用绝缘监控电路，以识别所有高压组件与可导电壳体或与接地之间危险的绝缘故障。如果壳体/接地与另一个高压组件之间存在危险电压，则说明有危险的绝缘故障，通过新能源汽车的安全系统，自诊断过程会检测绝缘电阻。如果发生故障，则会通过仪表板向驾驶人发出提示信息，出于安全原因，高压系统也会同时关闭。

1.3　维修汽车高压系统必备条件

（1）从业资格证

售后服务人员必须具有安全车辆高压组件电气专业人员的资格。

（2）高压系统无电压

进行高压组件方面的工作前，售后服务人员必须执行三个安全规定［"关闭供电（无电压）""固定住以防重新接通"和"确定系统无电压"］。

（3）严格遵守维修说明

进行高压组件方面的工作时，售后服务人员必须严格遵守维修说明。

1.4　高压电对人体的危害

1.4.1　电流流过人体

（1）影响因素

人体细胞在有限范围内具有导电性。细胞内液体比例较高是导电的主要原因。如果接触带电部件，则电流可能流过人体（图 1-4-1）。

可以针对人体内电流经过的不同路径给出电阻值。影响人体电阻的大小的因素主要是衣服、皮肤湿度以及人体内路径的长度和类型。

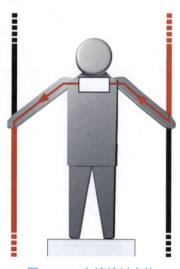

图 1-4-1　电流流过人体

3

有电流流过的身体部位处衣服越厚、越干，电阻值越大。如果皮肤上有水或雪，那么身体电阻就会下降。如果身体内电流经过的路径较短，那么电阻比电流流过较长路径时小。人体电阻的近似值见表1-4-1和表1-4-2，这些数值可能受上述因素的影响。

表1-4-1　身体内电流的阻值

身体内电流的路径	电阻（大概数值）/Ω
从一只手到另一只手	约1000
从一只手到双脚	约750
从双手到双脚	约500
从双手到躯干	约250

电流强度仅取决于施加在身体上的电压和电阻：$I=U/R$。

表1-4-2　示例

情况	施加的电压 U/V	人体电阻/Ω	人体内的电流强度 I/mA
两只手分别接触12V蓄电池的一个电极	12	1000	12
两只手分别接触高压蓄电池的一个电极	420	1000	420
用一只手接触墙壁插座的外部导体且双脚站在地面上	230	750	307

（2）人体内电流的作用

电流的作用不仅在技术方面（加热、发光、化学和磁性作用），而且会影响生物体和人体，人们将其称为生理作用。其原因是，电过程控制着许多机能，肌肉运动和心跳都通过电脉冲控制。感觉器官的信息也以电信号形式通过神经组织传输到大脑，大脑也利用电信号工作。人体内的这些信号具有很低的电压（mV）和电流强度（μA），如果外部电源产生的电流流过人体，那么这个信号会叠加在自然电信号上，因此可能严重干扰自然电信号控制过程，至少可以感觉到电击和抽搐。电流强度较大时无法再控制肌肉运动，这可能导致触电人员无法松开带电部件。如果超过所谓的松开限值，就会形成危险的循环：电流流过人体的时间越长，其作用的危害性越大（图1-4-2）。

肌肉运动最危险的干扰是呼吸系统肌肉组织和心肌，因此可能导致呼吸运动停止。电流强度过大、电流持续时间过长和频率（交流电）过高都可能导致心室颤动（心肌小幅高频运动），这种运动会使血液循环无法维持。

电流的加热作用也可能对人体造成伤害，主要是由电弧引起的表面烧伤。在人体内流过的电流会加热人体组织，尤其是体液会在电流的加热作用下蒸发，称为内部烧伤。内部烧伤会导致器官在最短时间内丧失机能、血液循环中止，造成生命危险。

电流除了有以上直接作用外，还有可能经过一段时间后才表现出来的作用，也有可能危及生命。例如触电时，通过电流破坏的人体细胞恢复缓慢，这个过程可能要经过多日，且产生必须由肾脏处理的有害物质。如果大量细胞遭到破坏，肾脏可能负担过重并导致肾衰竭，因此采取急救措施后必须到医院检查。

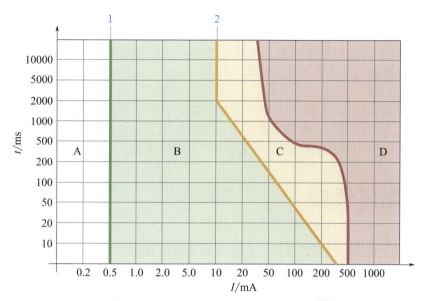

图 1-4-2　电流对人的作用取决于作用持续时间和电流强度
1—感觉限值；2—松开限值；A—作用无感觉；B—作用有感觉，直至肌肉收缩；
C—肌肉收缩，呼吸困难；D—心室颤动，呼吸停止，心脏停止跳动

1.4.2　电弧

（1）电弧的定义

电弧是指电流从两个隔开（通过空气等气体隔开）的导体之间流过。两个导体通过气体隔开时通常是绝缘的，接触且有电流流动时，可能会产生电弧。如果随后两个导体彼此分开，则分开瞬间导体之间产生很小的间隙。在这个小间隙之间产生很高的电流强度，这个电流强度可能位于间隙内气体的击穿场强之上。在这种情况下会导致击穿，从而使气体分子离子化。同时还会从两个导体的材料中拉出离子和电子，导致材料消耗。另一个后果是产生移动的电荷载体：带正电的离子和带负电的电子。由于施加了电压，因此间隙内的电荷载体移向导体，且与导体发生反应。电荷载体的移动意味着电流流动，这种在气体中产生电流的方式又被称为气体放电。电弧的产生是一个连续的过程，并持续产生新的电荷载体，因此电流始终存在，导体之间形成所谓的等离子体（图 1-4-3）。产生电弧的前提是最低电压和最低电流强度（导体分开之前），这些数值无法明确给出，而是取决于导体的材料。

（2）电弧的作用

在两个导体之间的等离子体中移动的电荷载体互相撞击，从而加热气体，可能会产生约 4000℃ 或更高的温度。这种极高的温度可能导致从导体材料中继续产生移动的电荷载体，电弧持续不断"燃烧"，导体材料持续消耗。

图 1-4-3　两个导体之间的电弧
1，3—导体；2—电弧

（3）电弧对人的危害

❶ 烧伤：如果人体靠近电弧或直接进入电弧内，则会因高温而导致严重烧伤。因此，只有在戴上防护手套的情况下才能握住导体。

❷ 紫外线辐射：电荷载体碰撞不仅产生热量，而且还发射光线及紫外线。紫外线可能伤害眼睛，准确地说是造成视网膜受伤害，称为"灼伤"。因此，切勿在未使用防护面具的情况下观看电弧。

❸ 四周飞扬的微粒：电弧产生的高温不断将离子和电子从导体材料中拉出，此时较小的微粒也可能随之"逃出"，然后不受控制地飞向四周。通常情况下这些微粒非常热，在未穿防护服（包括防护手套和护目镜）的情况下切勿靠近电弧。

1.5 高压线束

高压导线用于高压组件彼此连接，例如将高压蓄能器与大功率电子系统或将大功率电子系统与电机连接。高压导线外部为橙色（图1-5-1）。

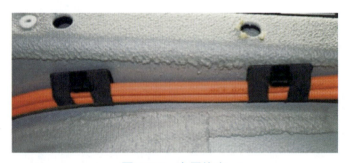

图1-5-1 高压线束

混合动力车辆中会涉及安装高压导线等高压组件，但是也涉及供电电子装置，因此不允许非正规维修绝缘或壳体部件的损坏，否则不仅可能危及车辆用户和售后服务人员的安全，而且可能因干扰电压和干扰电流影响电子系统的功能（图1-5-2～图1-5-4）。

扫一扫

视频精讲

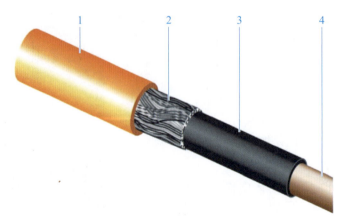

图1-5-2 带屏蔽层的高压导线
1—橙色外部保护套；2—作为屏蔽层的钢丝网；3—导体绝缘层；4—导体

图 1-5-3　高压导线的连接

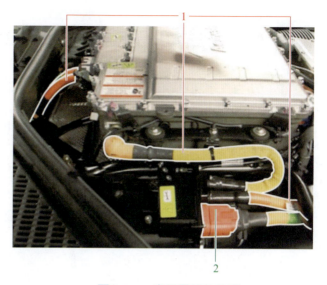

图 1-5-4　高压导线的位置
1—发动机室内的高压导线；2—高压导线上的插头

1.6　纯电动汽车高压系统的组成

在纯电动汽车上，高压系统由动力电池、驱动电机、高压配电箱、电动空调压缩机、DC/DC（转换器）、OBC（充电机）、PTC（加热器）、高压线束等组成（图 1-6-1），其中动力电池、驱动电机和高压控制系统是纯电动汽车的三大核心部件。

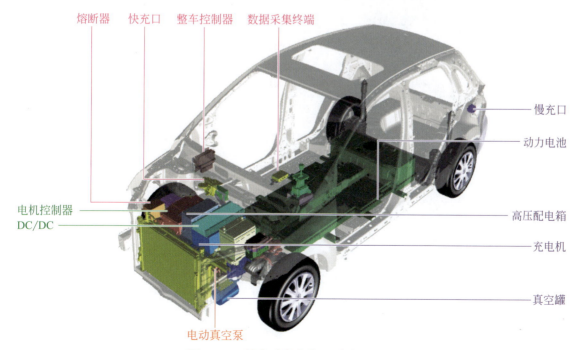

图 1-6-1　纯电动汽车高压系统的组成

1.7 混合动力汽车高压系统的组成

混合动力汽车和电动汽车采用相似的高压系统。高压系统的构成组件以60V以上的直流电压或30V以上的交流电压进行驱动。在混合动力汽车上，组件有时需要通过高压系统来提供较大电功率，此时可能会出现500V以上的电压。

宝马X5 xDrive 40e 高压组件如图1-7-1所示。

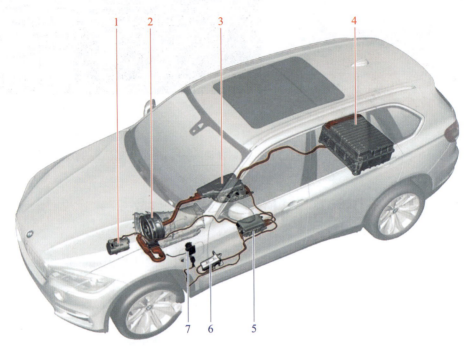

图1-7-1　宝马X5 xDrive 40e 高压组件

1—电动制冷剂压缩机；2—电机；3—电机电子装置；4—高压蓄电池单元；
5—便捷充电电子装置；6—电动加热装置；7—高压充电接口

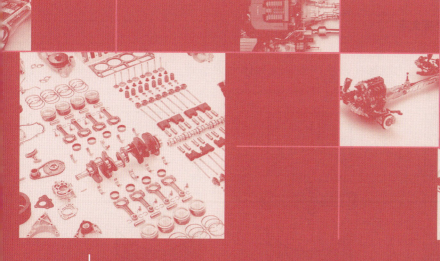

第 2 章 驱动电机系统零部件

2.1 电机的类型

2.1.1 电动机

电机是一种设备,通过这种设备可以将电能转换为机械能,也可以将机械能转换为电能。根据转换能量的不同,被称为电动机(将电能转换为机械能)或发电机(将机械能转换为电能)。电动机利用磁极同性相斥、异性相吸的原理,通过电流产生至少一个磁场。电机一方面可根据电流进行分类,例如直流电机、交流电机或交流三相电机;另一方面可根据工作原理进行分类,如同步电机或异步电机。

2.1.2 直流电机

车辆电气系统中的车窗玻璃刮水器、车窗升降器、鼓风机和伺服电机,大量使用了最大功率约为 100W 的直流电机。

直流电机可以将(直流电流形式的)电能转化为动能,它由一个固定部件(定子)和一个转动支撑部件[转子(电枢)]组成。大多数直流电机采用内部转子结构,即转子是内部部件,定子是外部部件。定子由电磁铁组成,在小型直流电机内由永久磁铁构成(图 2-1-1)。

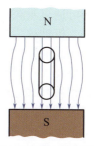
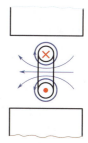

(a) 两磁极间的磁场　　(b) 某个载流导体的磁场

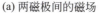

图 2-1-1　直流电机工作原理

直流电机工作原理以作用力施加在磁场内的载流导体上为基础。载流导体的磁场和永久磁铁的磁场相互影响（图 2-1-2）。

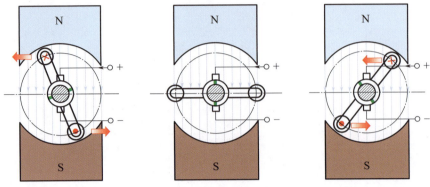

图 2-1-2　载流导体的旋转

如果永久磁铁牢固固定且导体以可转动的方式支撑，则会在导体上施加一个作用力。通过作用力的影响转动载流导体。导体上的作用力取决于导体内的电流强度、磁场强度和导体有效长度（线圈圈数）。

为了提高作用力的影响，使用带有铁芯的线圈代替载流导体。在图 2-1-2 中仅显示了一个线圈，以便于更好地进行描述。在线圈上施加电压时，线圈内流动的电流产生一个磁场（线圈磁场）。永久磁铁两极间的磁场和线圈磁场形成一个总磁场。根据线圈内的电流方向产生一个左旋或右旋力矩。线圈继续转动，直至线圈磁场方向与永久磁体两极间磁场方向相同，随后线圈停留在所谓的磁极磁场中性区域内。为了使线圈能够继续转动，必须改变线圈内的电流方向。在此通过与线圈起始端和线圈末端连接的电流换向器（集电环）实现电流方向的切换。每旋转 180°，集电环切换电流方向一次，从而实现连续转动。共用铁芯上的多个线圈如图 2-1-3 所示。

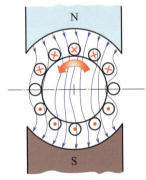

图 2-1-3　共用铁芯上的多个线圈

在技术应用中通过一个分段集电环和滑动触点（碳刷）为电枢输送电流。集电环由金属段组成，金属段与细条状绝缘材料（塑料、空气）一起构成间断的圆柱或圆形面。用于输送电流的两个碳刷通过弹簧压紧在集电环上。

直流电机的转速取决于电压和转动方向。转子每转动一次，通过电枢绕组的电流方向就会改变一次，同时那些通过电流流动而产生力矩的导体进入定子磁场内。例如车窗玻璃刮水器和起动机就属于车辆中直流电机的典型使用情况。起动机的结构如图 2-1-4 所示。

直流电机中的主磁场可通过永久磁铁产生，也可以通过电磁铁产生。励磁线圈电源不受电枢电路电源影响的直流电机被称为外部激励电机，这种电机的转速控制系统非常简单，因为可以分别对电枢电压和激励电压进行调节（图 2-1-5）。

当励磁线圈和电枢电路相互连接时被称为自激励电机。根据励磁线圈和电枢电路的连接方式可以分为串联式电机和并联式电机。

串联式电机中的励磁线圈和电枢绕组以串联的形式连接。必须尽量降低励磁线圈的内阻。以交流电压为例，在每一个半波下励磁磁场和电枢电流的方向都会改变，因此电机也可以在交流电压下使用。为了避免出现涡流，定子的铁芯必须由一个叠板制成。串联式电机的转速主要取决于其负荷的大小（串联特性曲线）。串联式电机的电路如图 2-1-6 所示。

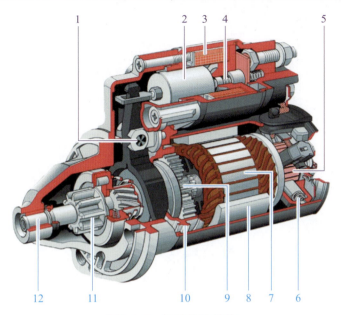

图 2-1-4　起动机的结构

1—叉杆；2—继电器电枢；3—继电器线圈；4—继电器弹簧；5—集电环；6—碳刷；7—转子（电枢）；8—永久磁铁；9—行星减速器；10—带有减振装置的烧结齿圈；11—小齿轮；12—传动机构轴承

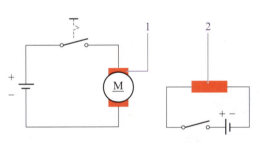

图 2-1-5　外部激励电机

1—电枢绕组；2—励磁线圈

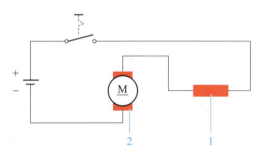

图 2-1-6　串联式电机的电路

1—励磁线圈；2—电枢绕组

因此仅允许串联式电机使用基本负荷，否则随着输出扭矩的下降其转速将会大幅升高。没有基本负荷可能导致转速的进一步升高，电机会因为过大的离心力而损坏。

串联式电机的优点是启动扭矩较高，缺点是负荷扭矩主要取决于转速。转速升高时负荷扭矩则会降低。

并联式电机的主要优点是"转速恒定性"，即负荷出现变化时转速基本保持不变。但它也有一定的局限性，当其内部电枢电压发生变化时，场激励则会保持不变。场效应采用的设计可以在发动机处于静止时（电枢电压=0）使激励装置长时间保持接通状态。并联电机的电路如图 2-1-7 所示。

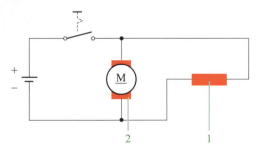

图 2-1-7　并联式电机的电路

1—励磁线圈；2—电枢绕组

2.1.3 三相电机

三相电机是一种电动机械式转换器,可以作为电动机或发电机使用。作为电动机使用时可以通过三相电流产生旋转电磁场;作为发电机使用时则可以产生三相电流。三相电流是一种带有三个相位的交流电流(电流的主要导体)。三相电流的名称源自其产生方式。

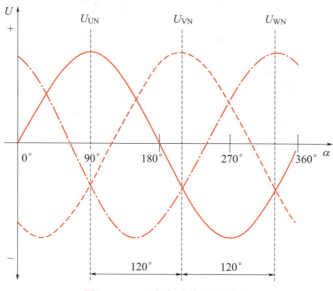

图 2-1-8 三个交流电压的曲线

从图 2-1-8 可以看出三个相位在时轴上都有对应的时间点,因此可以确定各个位置上的三个交流电压之和为零。定子的结构如图 2-1-9 所示。

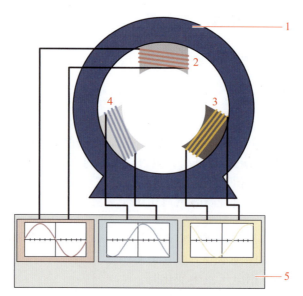

图 2-1-9 定子的结构

1—定子;2—绕组 U;3—绕组 V;4—绕组 W;5—三相电流的相位

为了能够产生旋转磁场,需要三个针对其中心轴旋转 120°的线圈。通常这三个线圈被安装在三相交流电机的定子上，通过这三个线圈提供相位差为120°的交流电压。线圈以星形电路或三角形电路连接（图2-1-10）。根据需要可以选择使用这两种电路。重要的是三个内部有电流流动的绕组相之间的相位差为120°，旋转磁场可以使三相交流电机的结构更为简单。

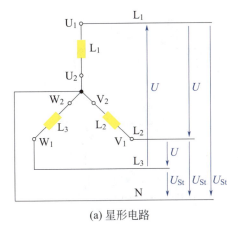
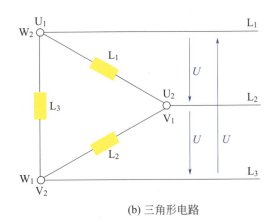

(a) 星形电路　　　　　　　　　　　(b) 三角形电路

图 2-1-10　绕组相的星形和三角形电路

在星形电路中 U_2、V_2 和 W_2 支路在星形交叉点 N 处相互连接在一起，每个支路的起始点 U_1、V_1 和 W_1 都与星形电路的外部导体连接。在三角电路中每个线圈的支路起始点都与另一个线圈的支路相连，原则上将所有线圈依次连接，外部导体 L_1、L_2 和 L_3 从连接部位与用电器相连。通过线圈的相互连接，在布线时三个相位 L_1、L_2 和 L_3 仅需三根导线。三角形电路中的三相交流电机结构与星形电路中基本相同，只是定子结构稍有不同。可通过定子结构来区分同步电机和异步电机。

（1）同步电机

三相电流同步电机是一种电动机械式转换器，可作为由三相电流驱动的电动机或产生三相电流的发电机使用。在发电站中同步电机主要作为可以产生电能的发电机使用，在车辆中同步电机也可作为发电机为电子用电器提供电能和为蓄电池充电。如今在中等功率范围内很少使用同步电机，但是这一现象即将改变，因为将会在混合动力车辆上大量使用同步电机（图2-1-11）。

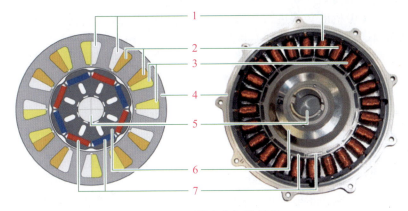

图 2-1-11　同步电机的结构

1—绕组 W；2—绕组 V；3—绕组 U；4—带有旋转磁场绕组的定子；5—轴；6—带有永久磁铁的转子；7—永久磁铁

通过永久磁铁（小型电机）或电磁铁（大型电机）在同步电机的转子中产生磁场。通过电磁铁产生磁场的情况需要安装滑动触点，相对较小的电流只有通过该触点才能流入。与直流电机不同，同步电机无需集电环。发电机如图 2-1-12 所示，带有永久磁铁的同步电机的结构如图 2-1-13 所示。

图 2-1-12　发电机

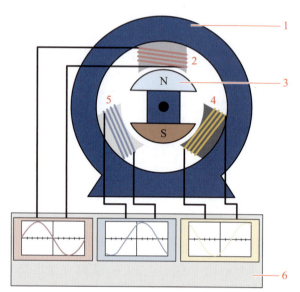

图 2-1-13　带有永久磁铁的同步电机的结构
1—定子；2—绕组 U；3—转子；4—绕组 V；
5—绕组 W；6—三相电流的相位

同步电机通常采用内极电机的设计。此外还有另外一种型号的电机，它的定子绕组安装在电机内部，而带有永久磁铁的转子则安装在电机外部，这种设计被称为带有外部转子的电机。

同步电机的工作原理：如果在定子的绕组上施加一个三相电流，就会产生相应的旋转磁场。转子的磁极随着该旋转磁场的方向进行相应的转动，这样就可以使转子转动。转子转动的速度与旋转磁场的转速相同，该转速也被称为同步转速，同步电机也因此得名。通过三相电流的频率和极点数量精确地规定了同步电机的转速。

为了能够对同步电机的转速进行无级调节，必须使用变频器。通过机械装置或利用变频器使同步电机在额定转速下运行并使其保持同步（图 2-1-14）。

同步电机在混合动力车辆中已广泛使用。由于借助永久磁铁转子，不必使用其他外部能量就可以产生磁场，因此永磁同步电机具有非常高的功率密度和效率（>90%）。永磁同步电机的其他优点还有惯量较小、维修费用低廉和转速不受负荷影响。永磁同步电机的缺点是磁铁材料的采购成本较高、调节成本较高，且无法自动运行。

（2）异步电机

三相电流异步电机可以作为电动机或发电机使用。异步电机的特点是不为转子直接提供电流，而是通过与定子旋转磁场的磁场感应产生转子磁场。因为转子使用了定子旋转磁场产生的感应电流，所以通常异步电机也被称为感应式电机。转子通常采用带有后端短路导体棒的圆形罐笼。异步电机的结构如图 2-1-15 所示。

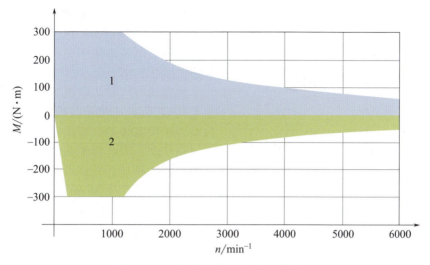

图 2-1-14 永磁同步电机的工作范围
1—作为电动机时的工作范围；2—作为发电机时的工作范围

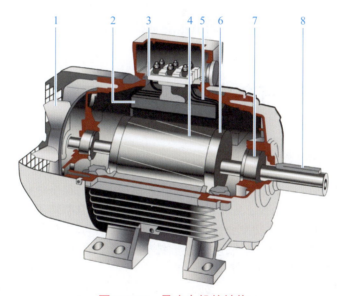

图 2-1-15 异步电机的结构
1—风扇；2—支架叠板；3—端子板（电源接口）；4—带有转子棒的转子叠板；
5—支架绕组；6—短路环；7—滚柱轴承；8—轴

通过定子绕组的旋转磁场对定子导体回线内的磁流变化产生影响，这样就会和短路导体棒内的电流产生一个感应电压，该电流同样可以产生磁场。楞次定律指出，感应电流产生的磁场总是阻碍引起感应电流的原因，因此产生的扭矩可以使转子按照定子旋转磁场的方向进行转动。定子和转子旋转磁场之间的相对速度是引起感应的原因，转子的转速不允许达到定子旋转磁场的转速，因为这样会使导体回线内的磁流变化为零，从而无法产生感应电压。定子旋转磁场转速和转子转速之间的差被称为异步转速，异步转速的大小取决于负荷。定子旋转磁场和转子以不同的转速旋转，也就是说没有同步转动，因此这种电机被称为异步电机。异步电机与直流电机相比，其优点是结构简单且坚固耐用，这里的主要优点是不再需要集电环和电刷。由于结构简单因此价格便宜且所需维护较少，异步电机通常被作为电动机使用。

从电气系统角度来看，异步电机就像一个变压器，定子绕组为初级，短路的导体棒为次级。自调节电流取决于转速。异步电机的替代电路如图2-1-16所示。

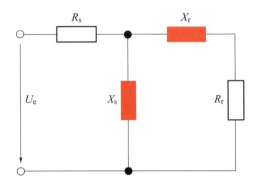

图 2-1-16　异步电机的替代电路

U_e—电源电压；R_s—定子绕组的欧姆电阻；X_s—定子绕组的感应电阻；X_r—转子的感应电阻；R_r—转子的欧姆电阻

怠速运行时异步电机的替代电路主要由 R_s 和 X_s 构成，因此电机接收的几乎都是无功功率。只要转子没有转动，变压器的次级侧就始终处于短路状态，因此需要提供一个较高的电流和一个较强的磁场。在该启动范围内电机的效率较差，并且会产生很高的温度。只要电枢开始转动且已适应周围的旋转磁场，那么电流就会变小且效率也会得到提高。通过供电电子装置和可以提高或降低频率的变频器实现异步电机的转速控制。

异步电机的优点有使用寿命较长；因为可以简便地安装和拆除电刷，所以维护费用较低；制造成本相对较低；可以自动运行；短时间内可以承受较强的过载；设计坚固。

异步电机的缺点是与永磁同步电机相比，在高扭矩利用率方面的效率较低；未使用带有启动控制的变频器时启动扭矩较小。

2.2　纯电动汽车电机系统

2.2.1　纯电动汽车驱动电机

以奥迪 e-tron 为例，该车上使用的驱动电机是异步电机，每个电机的主要部件有：带有3个呈120°布置铜绕组（U，V，W）的定子；转子（铝制笼型转子）。转子把转动传入减速器。为了能达到一个较高的功率密度，静止不动的定子与转动着的转子之间的气隙应非常小。电机与减速器合成一个车桥驱动装置。纯电动汽车驱动电机如图2-2-1所示。

驱动电机常见故障及处理方法如下。

驱动电机常见故障主要是异响、强烈振动或转速和输出功率达不到要求。

故障诊断步骤如下。

（1）紧固电机固定螺栓

❶ 操作启动开关使电源模式至 OFF 状态。

❷ 检查电机后端盖与悬挂支架连接螺栓是否紧固。

❸ 检查电机前端盖与减速器壳体连接螺栓是否紧固。

如果不符合标准，紧固电机固定螺栓；如果符合标准，执行下一步。

（2）检查电机冷却系统

❶ 操作启动开关使电源模式至 ON 状态。

❷ 检查冷却管路无老化、变形、渗漏。

❸ 确认水箱、管路无水垢、堵塞现象。

❹ 确认水泵是否工作正常。

第 2 章 驱动电机系统零部件

(a) 电机的位置

(b) 前后电机的外观

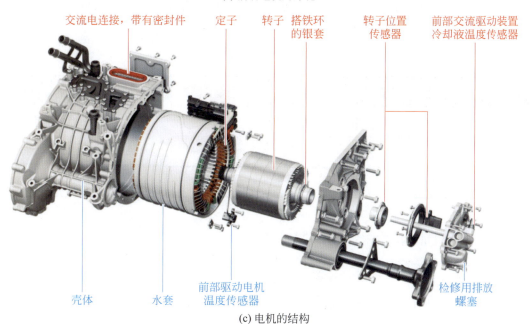

(c) 电机的结构

图 2-2-1　纯电动汽车驱动电机

如果不符合标准，优先排除冷却系统故障；如果符合标准，执行下一步。

（3）检查电机线束连接器

❶ 操作启动开关使电源模式至 OFF 状态。
❷ 检查电机低压线束连接器是否插接牢固、无松脱。
❸ 检查电机高压线束连接器是否插接牢固、无松脱。

如果不符合标准，重新固定连接器；如果符合标准，执行下一步。

扫一扫

视频精讲

（4）检查驱动电机三相线束（图2-2-2）紧固力矩

❶ 操作启动开关使电源模式至 OFF 状态。
❷ 断开蓄电池负极电缆。
❸ 拆卸维修开关。
❹ 检查固定螺栓的紧固力矩（电机控制器侧）是否符合标准。
❺ 检查固定螺栓的紧固力矩（电机侧）是否符合标准。

如果不符合标准，紧固电机三相线束；如果符合标准，执行下一步。

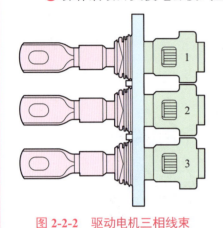

图 2-2-2　驱动电机三相线束

（5）检测驱动电机三相线束是否有相互短路故障

❶ 操作启动开关使电源模式至 OFF 状态。
❷ 断开蓄电池负极电缆。
❸ 拆卸维修开关。
❹ 断开驱动电机三相线束连接器 EP61。
❺ 断开驱动电机三相线束连接器 EP62。
❻ 用万用表按表 2-2-1 所示的标准值进行测量，确认测量值是否符合标准。

如果不符合标准，修理或更换线束；如果符合标准，执行下一步。

表 2-2-1　标准值（1）

测量位置 A	测量位置 B	测量标准值
EP61-1	EP61-2	标准电阻：20kΩ 或更高
EP61-1	EP61-3	
EP61-2	EP61-3	

（6）检测驱动电机三相线绝缘电阻

❶ 操作启动开关使电源模式至 OFF 状态。
❷ 拆卸维修开关。
❸ 断开驱动电机三相线束连接器 EP61。
❹ 断开驱动电机三相线束连接器 EP62。
❺ 用万用表按表 2-2-2 所示的标准值进行测量，确认测量值是否符合标准。

如果不符合标准，修理或更换线束；如果符合标准，执行下一步。

表 2-2-2　标准值（2）

测量位置 A	测量位置 B	测量标准值
EP61-1	车身接地	标准电阻：20kΩ 或更高
EP61-2	车身接地	
EP61-3	车身接地	

（7）进行前后端盖清理检查

❶ 拆卸电机。
❷ 用除锈清洗剂清洗端盖，确认端盖无灰尘、无杂物，止口无破损，无碰伤。
❸ 用内径千分尺测量轴承室无磨损、甩圈，轴承室尺寸合格。
如果不符合标准，修理或更换后端盖；如果符合标准，执行下一步。

（8）清理检查水套壳体

❶ 拆卸电机。
❷ 用除锈清洗剂清洗，水套端面要求无灰尘、无杂物，止口无破损，无碰伤。
❸ 用密封检测工装检测壳体有无漏气现象。
❹ 用水道检测工装检测水道是否有堵塞、水道流量是否满足冷却要求。
❺ 复测转子动平衡，超出规定数值后，需重新标定动平衡量。
如果故障已排除，则结束；如果故障未排除，执行下一步。

（9）定子检测清理检查

❶ 拆卸电机。
❷ 用吸尘器清理定子上的灰尘，用除锈剂清除定子铁芯的锈迹，要求定子表面无灰尘、定子内圆无剐蹭、无杂物，定子线包无损伤，定子绝缘漆无脆裂等。
❸ 用耐压绝缘表测试耐压、绝缘。
❹ 用定子综合测试仪测试电性能。
❺ 更换出线端子。
❻ 检测温度传感器绝缘。
❼ 重新更换三相出线和温度传感器出线的绝缘管、热缩管。
如果故障已排除，则结束；如果故障未排除，执行下一步。

（10）检测旋变定子

❶ 拆卸电机。
❷ 用电阻计检测旋变定子电阻值。
❸ 用耐压绝缘表测试耐压、绝缘。
❹ 重新更换旋变信号线出线绝缘管、端子。
如果故障已排除，则结束；如果故障未排除，执行下一步。

（11）更换前、后轴承

❶ 拆卸电机。
❷ 用拉马拆除旧轴承，用专用压装工装，压轴承内圈，更换新轴承，轴承须装配到位。
❸ 用轴承挡圈将轴承安装到位。
如果故障已排除，则结束；如果故障未排除，更换驱动电机。

2.2.2 纯电动汽车电机的标识

电机的型号、名称、极对数等信息都刻在电机铭牌上（图2-2-3）。

扫一扫

视频精讲

图 2-2-3 电机的标识

2.2.3 纯电动汽车转子位置传感器

驱动电机转子位置传感器（图2-2-4）安装在三相电流驱动装置上，用作评估能力更强的感应式传感器。

传感器固定在驱动其运行的电动机的转子上。直接与电驱动系统的功率和控制电子装置连接。固定式驱动电机转子位置传感器能够确定位置、转动方向和组件公差。

常见故障多为旋变信号故障。处理方法：检查旋变传感器阻值，正旋阻值为（16±1）Ω，瓜旋阻值为（16±1）Ω，励磁阻值为（8±1）Ω。

2.2.4 纯电动汽车温度传感器

以奥迪 e-tron 为例进行介绍。

电机上有两个不同的温度传感器。在前桥电机上是前部交流驱动装置冷却液温度传感器和前部驱动电机温度传感器（图2-2-5）。

前部交流驱动装置冷却液温度传感器用于监控流入的冷却液的温度，前部驱动电机温度传感器用于测量定子温度，为了测量精确，前部驱动电机温度传感器集成在定子绕组上且采用冗余设计,就是说:尽管只需要一个传感器,但是在定子绕组上集成了2个传感器。

图 2-2-4　转子位置传感器

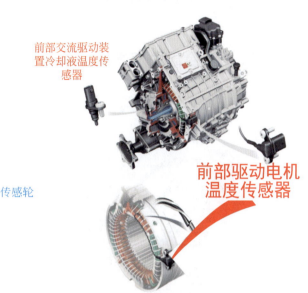

图 2-2-5　电机温度传感器

一旦第一个定子温度传感器损坏了,那么另一个传感器仍可执行温度监控功能。只有当两个传感器都失效时,才应该更换电机(不能单独更换温度传感器,其他车型可单独更换)。如果这两个传感器之一损坏了,则不会有故障记录。只有前部驱动电机温度传感器 G1093 会显示在测量值中。

如果电机上的这两个传感器都损坏了,则会显示黄色警报灯和进行应急运行。

2.2.5　纯电动汽车电机冷却系统

电驱动装置是通过低温循环管路而液冷的(图 2-2-6)。定子和转子上都有冷却液流过,尤其是附带的转子内部冷却,在持续功率输出和再现峰值功率方面具有重要意义。

整个冷却液管路都移到电机内。功率电子装置和电机是彼此串联在冷却环路中的。冷却液首先流经功率电子装置,然后流经前桥上所谓的"水枪",以便对转子内部进行冷却。之后,冷却液流经定子水套并返回到循环管路中。

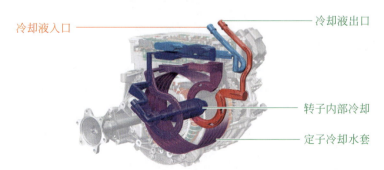

图 2-2-6　电机的冷却系统

2.3 混合动力汽车电机系统

2.3.1 混合动力汽车驱动电机

（1）外观、结构和位置（图2-3-1）

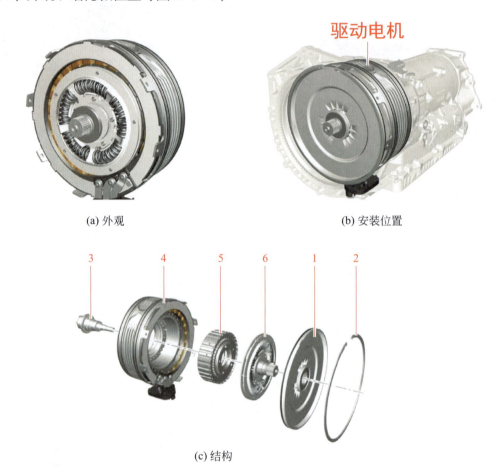

(a) 外观

(b) 安装位置

(c) 结构

1—电机端盖；2—卡环；3—空心轴；4—电机；5—分离离合器；6—附加扭转减振器

图 2-3-1 混合动力汽车驱动电机

（2）工作原理与作用

混合动力汽车电机是一个永磁式同步电机，它可将高压蓄电池单元的电能转化为动能，从而驱动车辆。不仅可以实现最高约120km/h的电动行驶，而且可以为内燃机提供支持，例如在超车过程中（助推功能）或换挡时提供主动扭矩支持。

在相反的情况下，电机可在制动和惯性滑行时将动能转化为电能并将其存储在高压蓄电池单元内（能量回收利用）。

混合动力系统是所谓的并联式混合动力系统。内燃机和电机均与驱动齿轮机械连接，驱动车辆时不仅可以单独而且可以同时使用两种驱动系统。

（3）快速识别方法与技巧

混合动力组件作为单个组件集成在变速箱壳体内，占据液力变矩器的安装空间。

电机的主要组件包括：转子和定子；接口；转子位置传感器；冷却系统。

（4）常见故障与处理

电机出现故障时仪表上会报高压系统故障、相关的功能失效；使用电脑诊断仪能读取到相关的故障码；因厂家规定不能私自对电机进行维修，所以在电机损坏时只能更换电机总成。

2.3.2 混合动力汽车转子位置传感器

（1）安装位置与结构（图2-3-2）

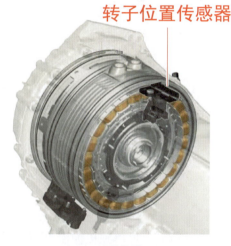
(a) 安装位置

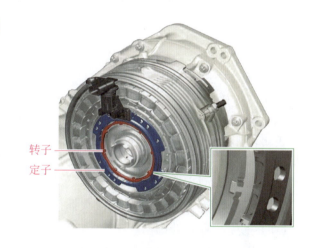
(b) 结构

图 2-3-2 转子位置传感器

（2）工作原理与作用

为确保电机电子装置正确计算和产生定子内绕组电压的振幅及相位，必须了解准确的转子位置。这项任务由转子位置传感器来执行，通过转子转动在定子绕组内产生的感应相电压由电机电子装置进行分析，从而计算转子位置角度。

（3）快速识别方法与技巧

该传感器与同步电机结构类似，带有一个特殊形状的转子（与电机转子连接在一起）和一个定子（与电机定子连接在一起）。

（4）常见故障与处理

转子位置传感器出现故障时，仪表上会有高压系统故障的提示，同时车辆无法行驶，使用诊断仪能读到关于转子位置传感器的故障码。

如需更换转子位置传感器，应向厂家申请技术支持，不允许维修车间更换转子位置传感器。

更换自动变速箱或电机电子装置时，需借助诊断系统校准转子位置传感器。

2.3.3 混合动力汽车温度传感器

（1）安装位置（图2-3-3）

图 2-3-3　温度传感器的安装位置

（2）工作原理与作用

电机温度传感器位于2个电磁线圈之间，以更好地探测信号。它是一个NTC（热敏电阻）传感器，可以将温度报告给电驱动的功率控制电子装置。该信号用于防止电机过热，测得的数值可以用车辆诊断测试仪读取作为测量值。如果定子的冷却不够，则电机在某个测得的温度起（约185℃被功率电子装置节流控制，从约215℃起）无负荷通电。

（3）快速识别方法与技巧

温度传感器安装在电机上，与两线插接器连接。

（4）常见故障与处理

温度传感器出现故障时，无故障指示灯显示，无法电动行驶。可单独更换温度传感器。

2.3.4 混合动力汽车电机转子和定子

（1）位置与结构（图2-3-4）

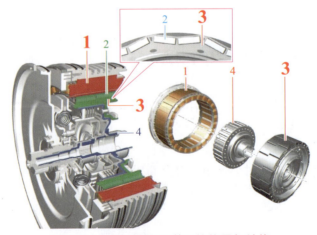

图 2-3-4　电机转子和定子的位置与结构

1—定子；2—永久磁铁；3—转子；4—带分离离合器外壳的空心轴

（2）工作原理与作用

采用内部转子结构，"内部转子"表示带有永久磁铁的转子以环形方式布置在内侧。可产生磁场的绕组布置在外侧，构成定子。电机有八个极对，转子通过一个法兰支撑在转子空心轴上，空心轴以形状连接方式与变速箱输入轴连接。

（3）快速识别方法与技巧

转子和定子安装在电机内部。

（4）常见故障与处理

电机出现故障时仪表上会报高压系统故障、电机不能工作、相关的功能失效；使用电脑诊断仪能读取到相关的故障码；因厂家规定不能私自对转子或定子进行维修，所以在转子或定子损坏时只能更换电机总成。

2.3.5　混合动力汽车电机冷却系统

（1）位置与组成（图2-3-5）

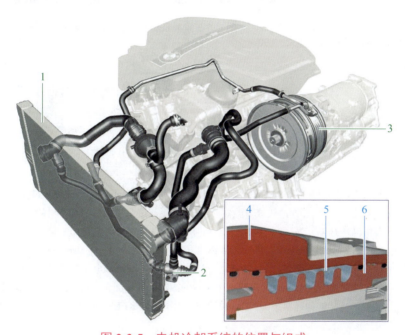

图 2-3-5　电机冷却系统的位置与组成

1—冷却液空气热交换器；2—电机节温器；3—电机；4—自动变速箱壳体；5—电机冷却液通道；6—定子支架

（2）工作原理与作用

定子支架与自动变速箱壳体之间有一个冷却通道用于冷却定子绕组，来自发动机冷却循环回路的冷却液经过该冷却通道。该冷却通道前后分别通过两个密封环进行密封。

通过变速箱油对转子进行冷却，变速箱油以油雾形式吸收热能并在变速箱油冷却器处将其释放到环境空气中。

内燃机和电机的冷却液循环回路如图2-3-6所示。

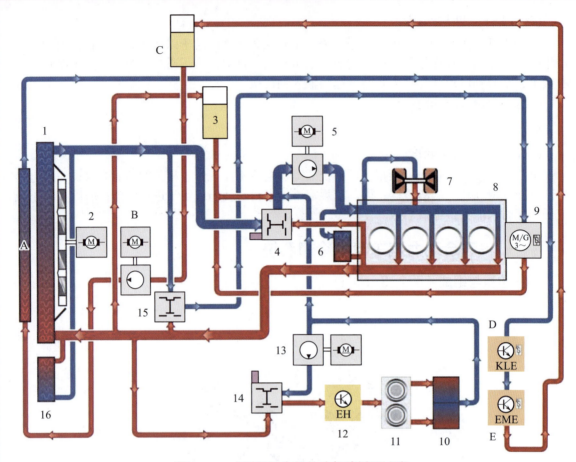

图 2-3-6　内燃机和电机的冷却液循环回路

1—冷却液空气热交换器（内燃机和电机的冷却液循环回路）；2—电子扇；3—冷却液补液罐（内燃机和电机的冷却液循环回路）；4—特性曲线式节温器；5—电动冷却液泵（内燃机和电机的冷却液循环回路，400W）；6—发动机油冷却器；7—废气涡轮增压器；8—内燃机；9—电机；10—暖风热交换器；11—双加热阀；12—电动加热装置；13—用于暖风循环回路的电动冷却液泵；14—电动转换阀；15—电机节温器；16—独立安装的冷却液空气热交换器；A—冷却液空气热交换器（电机和电子装置以及便捷充电电子装置的冷却液循环回路）；B—电动冷却液泵（电机电子装置的冷却液循环回路，80W）；C—冷却液补液罐（电机电子装置的冷却液循环回路）；D—便捷充电电子装置 KLE；E—电机电子装置 EME

　　电机带有独立节温器，可将冷却液供给管路温度调节到约80℃的最佳范围。这样设计是因为电机运行温度低于内燃机，通过随冷却液温度膨胀的蜡制元件实现节温器调节，在此不进行电气控制。

　　电机节温器运行状态如图2-3-7所示。

　　冷却液温度较低时，节温器处于关闭状态。例如在暖机阶段，此时节温器阻断冷却液空气热交换器的冷却液并将内燃机的冷却液引至电机，通过这种方式可迅速达到最佳运行温度。

　　来自内燃机的较热冷却液使得节温器部分打开，这样会使来自内燃机的较热冷却液与来自冷却液空气热交换器的较凉冷却液混合。冷却液供给管路内的冷却液通过该"混合模式"以约80℃的最佳温度范围输送至电机。

　　冷却液空气热交换器的冷却液温度升高时，节温器就会完全打开。例如内燃机的节温器打开大冷却液循环回路时，在额外受热的作用下，节温器会关闭连接内燃机的冷却液管路，此时来自冷却液空气热交换器的全部冷却液流入电机内。

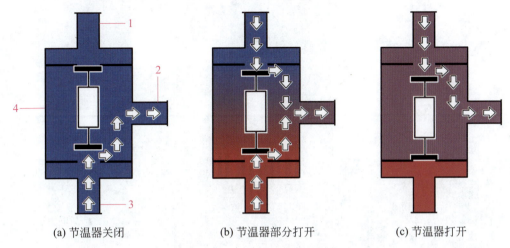

(a) 节温器关闭　　　　　　(b) 节温器部分打开　　　　　　(c) 节温器打开

图 2-3-7　电机节温器运行状态

1—冷却液来自冷却液空气热交换器；2—冷却液流向电机；3—冷却液来自内燃机；4—节温器

（3）快速识别方法与技巧

沿着冷却液管路连接找，即可找到电机冷却系统。

（4）常见故障与处理

❶ 冷却液泄漏：如果是密封件泄漏，则更换密封件；如果是水管接头泄漏，则更换水管和卡箍。

❷ 冷却系统堵塞：散热器易出现堵塞，首先检查散热器、水管，若没发现问题再检查其他零部件。

❸ 冷却液不循环：首先检查节温器、水泵，若没发现问题再检查冷却系统是否有堵塞。

扫一扫　　　　　　　　　　　扫一扫

视频精讲　　　　　　　　　　视频精讲

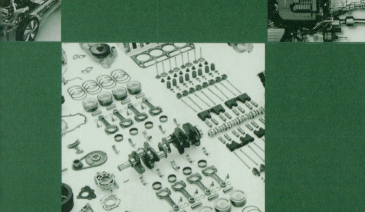

第3章 驱动电机控制系统零部件

3.1 纯电动汽车电机控制系统

3.1.1 电驱动装置

（1）外观、结构和位置（图3-1-1）

（2）工作原理与作用

电驱动装置的作用是为驱动电机提供所需的交流电流。每个电驱动装置上都安装一个功率电子装置。

来自高压蓄电池的直流电在功率电子装置内部被转化成交流电。具体说是利用6个半导体切换模块（每相2个）来实现这个转换的，每个模块各自切换正和负（图3-1-2）。

（3）快速识别方法与技巧

通常安装在机舱内，由高压线束与电机连接；或是通过固定螺栓直接固定在电机上，由三相供电连接。

第 3 章 驱动电机控制系统零部件

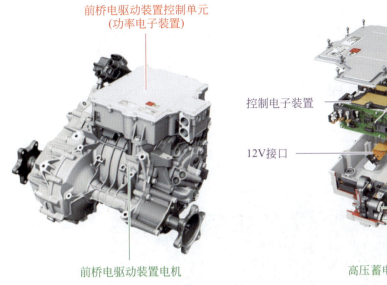
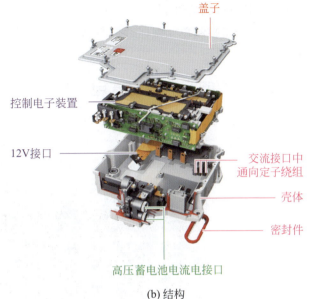

(a) 外观　　(b) 结构

(c) 位置

图 3-1-1　电驱动装置

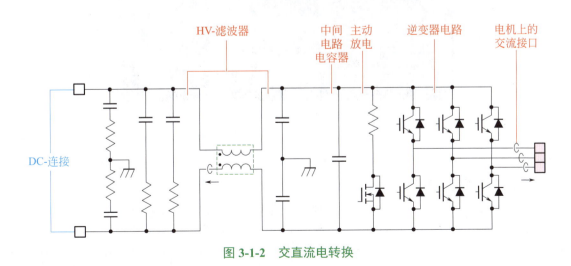

图 3-1-2　交直流电转换

（4）常见故障与处理

电驱动装置控制单元损坏时，车辆无法行驶或充电系统失效。只能整体更换，目前规定不能打开这个部件。

3.1.2 双向交流逆变式电机控制器

（1）外观、结构与位置（图3-1-3）

(a) 外观和结构

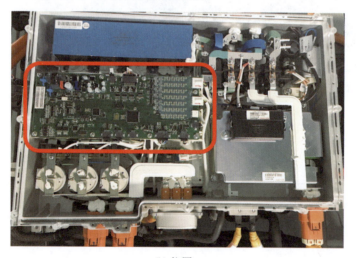

(b) 位置

图 3-1-3 双向交流逆变式电机控制器

（2）工作原理与作用

❶ 驱动控制（放电）：采集油门、制动、挡位、旋变信号等控制电机正向、反向驱动，正、反转发电功能；具有高压输出电压和电流控制限制功能；具有电压跌落、过流、过温、IPM过温、IGBT过温保护、功率限制、扭矩控制限制等功能；同时具备电控系统防盗、能

量回馈控制、主动泄放、被动泄放控制等功能。

双向交流逆变式电机控制器（VTOG）控制原理如图 3-1-4 所示。

❷ 充电控制：交、直流转换，双向充、放电控制功能；自动识别单相、三相相序并根据充电电流控制充电方式，根据充电设备识别充电功率控制充电方式；根据车辆或其他设备请求信号控制车辆对外放电；断电重启功能；在电网断电又供电的时候，可继续充电功能。

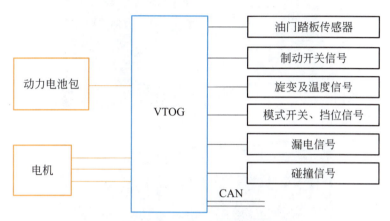

图 3-1-4　VTOG 控制原理

OK 灯点亮条件：电池管理器 BMS 收到 VTOG 反馈的预充满信号（图 3-1-5）。

预充过程：启动车辆时，为缓解对高压系统的冲击，电池管理器先吸合预充接触器，电池包的高压电经过预充接触器并联的限流电阻后加载到 VTOG 母线上，VTOG 检测到母线上的电压达到电池包额定电压的 2/3 时，通过 CAN 通道向电池管理器反馈一个预充满信号，电池管理器收到预充满信号后控制主接触器吸合，断开预充接触器。

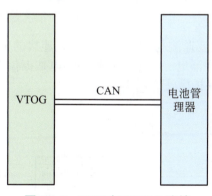

图 3-1-5　BMS 与 VTOG 连接

（3）快速识别方法与技巧

安装在高压电控总成内部，外观像一块电路板。

（4）常见故障与处理

常见故障是车辆无法上电、无法行驶。此时不能单独更换或维修 VTOG，应按厂家要求更换高压电控总成。

扫一扫

视频精讲

3.1.3 漏电传感器

(1) 外观和位置（图3-1-6）

(a) 外观

(b) 位置

图 3-1-6　漏电传感器

(2) 工作原理与作用

含有 CAN 通信功能，主要监测与动力电池输出相连接的负母线与车身底盘之间的绝缘电阻，判定高压系统是否存在漏电。漏电传感器将漏电数据信息通过 CAN 信号发送给电池管理器和 VTOG，采取相应保护措施（图3-1-7）。

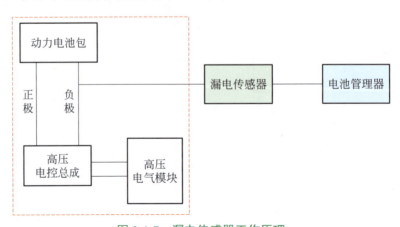

图 3-1-7　漏电传感器工作原理

(3)快速识别方法与技巧

安装在高压电控总成内部,外观是一个黑色盒子,有的会有漏电传感器名字,有的没有。

(4)常见故障与处理(表3-1-1)

表3-1-1 漏电传感器常见故障与处理

高压回路正极或负极对车身地等效绝缘电阻 R	漏电状态	措施	
$R > 500\Omega/V$	正常	无	
$100\Omega/V < R \leq 500\Omega/V$	一般漏电报警	仪表灯亮,报动力系统故障	
$R \leq 100\Omega/V$	严重漏电报警	行车中	仪表灯亮,断开主接触器、分压接触器、电池包内接触器和负极接触器
		停车中	(1)禁止上电 (2)仪表灯亮,报动力系统故障
		充电中	(1)断开交流充电接触器、分压接触器、电池包内接触器和负极接触器 (2)仪表灯亮,报动力系统故障

3.1.4 霍尔电流传感器

(1)外观和位置(图3-1-8)

(a) 外观

(b) 位置

图3-1-8 霍尔电流传感器

(2)工作原理与作用

霍尔电流传感器的作用是监视电路中的电流。霍尔电流传感器由原边电路、聚磁环、霍

33

尔元件次级线圈、放大器等组成。当原边电流IP产生的磁通通过高品质磁芯集中在磁路中时，霍尔元件固定在气隙中检测磁通，通过绕在磁芯上的多匝线圈输出反向的补偿电流，用于抵消原边IP产生的磁通，使得磁路中磁通始终保持为零。经过特殊电路的处理，传感器的输出端能够精确反映原边电流的变化。其工作原理如图3-1-9所示。

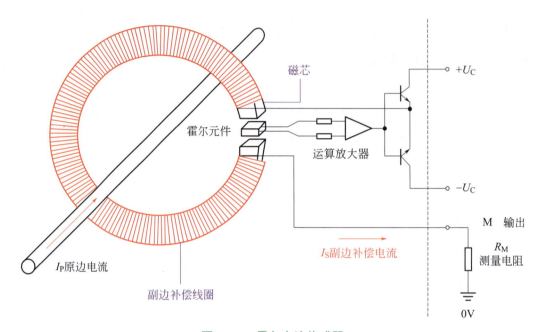

图3-1-9　霍尔电流传感器

（3）快速识别方法与技巧

霍尔电流传感器安装在高压电控总成内，形状为圆形，电路从其中穿过，霍尔电流传感器上的箭头表示电流的方向。

（4）常见故障与处理

由于霍尔电流传感器安装在高压电控总成内，而按厂家要求高压电控总成不得拆解，因此，如出现故障时，可向厂家申请技术指导。

3.1.5　纯电动汽车高压互锁接头

（1）外观和位置（图3-1-10）

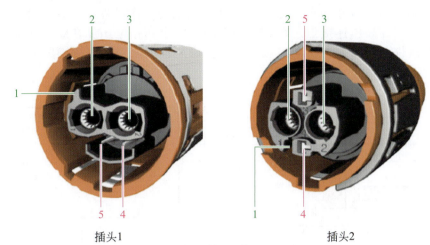

插头1　　　　　　　　　插头2

1—内部插接系统的机械设码；2—高压接口线脚1；3—高压接口线脚2；4—用于插头中高压触点监控桥架的接口1；5—用于插头中高压触点监控桥架的接口2

(a) 外观

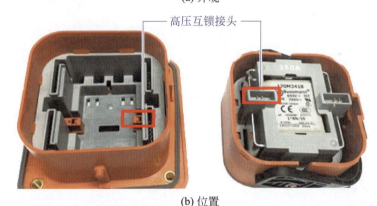

(b) 位置

图 3-1-10　纯电动高压互锁接头

（2）工作原理与作用

高压互锁设计一般有两种形式，一种是环形互锁，另一种是星形互锁。环形互锁指所有高压件互锁检测串到一起，在同一个回路，由 BMS 或其他控制器检测整个回路的完整性。星形互锁（又叫分布式互锁）指由多个设备检测其负责的高压件互锁回路完整性，再统一发给 BMS 或者 VCU 做综合处理。

高压互锁回路，是使用 12V 的小电流来确认整个高压电气系统的完整性，整车所有的高压部件和线束接插件都必须安装到位，无短路或断路的情况。

低压监测回路比高压监测回路先接通，后断开，中间保持必要的提前量，时间长短可以根据项目具体情形确定，比如 150ms，大体在这个量级。

高压互锁原理示意如图 3-1-11 所示。

高压互锁接头对电路系统的作用如下：

❶ 用于检测高压回路松动（会导致高压断电，整车失去动力，影响乘车安全）并在高压断电之前给整车控制器提供报警信息，预留整车系统采取应对措施的时间。

❷ 在车辆上电行车之前发挥作用，检测到电路不完整，则系统无法上电，避免因为虚接等问题造成事故。

❸ 防止人为误操作引发的安全事故。在高压系统工作过程中，如果没有高压互锁设计存在，手动断开高压连接点，在断开的瞬间，整个回路电压加在断点两端，电压击穿空气在两个器件之间拉弧，时间虽短，但能量很高，可能对断点周围的人员和设备造成伤害。

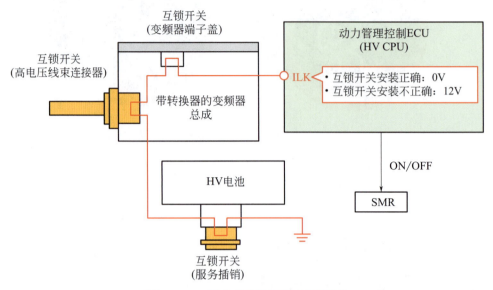

图 3-1-11　纯电动高压互锁原理示意

高压互锁的连接如图 3-1-12 所示。

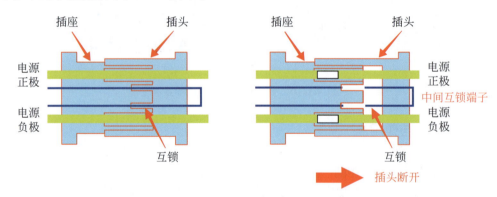

图 3-1-12　纯电动高压互锁接头的连接

（3）快速识别方法与技巧

高压互锁接头一般在高压线束插接器上有两个针脚，与对应的零件部插座配合。有的高压互锁接头在高压部件的盖上，类似于阴阳插接器。

（4）常见故障与处理

高压互锁接头出现故障时，整个高压系统会断电，车辆无法使用。使用诊断仪可读取到相关的故障码；高压线束上互锁故障可通过更换的方式加以解决，高压部件上的互锁故障需向厂家申请技术支持。

可短接高压互锁线，查看故障是否消失，从而确定故障点。

3.1.6　高压电控冷却系统

（1）外观和位置（图3-1-13）

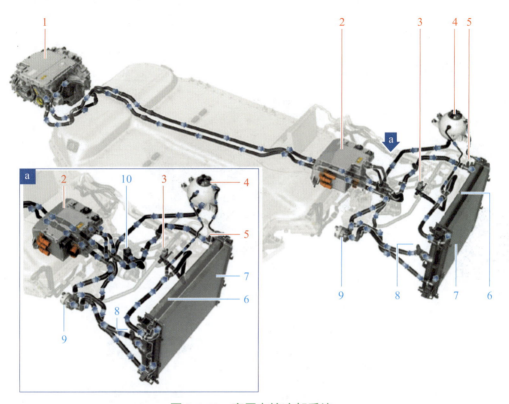

图 3-1-13　高压电控冷却系统

1—电气化驱动单元；2—联合充电单元CCU；3—冷却液截止阀；4—平衡罐；5—冷却液温度传感器；6—高压系统充电和驱动组件的冷却液散热器；7—车厢内部温度调节的附加冷却；8—冷却液温度传感器；9—冷却液泵（130W）；10—冷却液转换阀

（2）工作原理与作用

电气化驱动单元集成在车辆的冷却液循环回路中。冷却液会首先流入电机-电子伺控系统EME。从电机-电子伺控系统EME出发，冷却液会流入油水热交换器，然后流入集中外壳中，以便冷却电动机，还会额外用油对电气化驱动单元进行冷却。

（3）快速识别方法与技巧

沿着冷却液管路连接找，即可找到高压电控冷却系统。

（4）常见故障与处理

❶ 冷却液泄漏：如果是密封件泄漏，则更换密封件；如果是水管接头泄漏，则更换水管和卡箍。

❷ 冷却系统堵塞：散热器易出现堵塞，首先检查散热器、水管，若没发现问题再检查其他零部件。

❸ 冷却液不循环：首先检查节温器、水泵，若没发现问题再检查冷却系统是否有堵塞。

3.2 混合动力汽车电机控制系统

3.2.1 逆变器

（1）外观、结构和位置（图3-2-1）

(a) 外观

(b) 结构

(c) 位置

图 3-2-1 逆变器

（2）工作原理与作用

逆变器和增压转换器主要由智能动力模块（IPM）、电抗器和电容器组成。IPM 为集成动力模块，包括信号处理器、保护功能处理器和绝缘栅双极型晶体管（IGBT）。

逆变器采用 IPM 执行切换控制。发电机 MG1 和电动机 MG2 的 IPM 各有一个包含 IGBT 的桥接电路。发电机 MG1 的 IPM 采用 6 个 IGBT，每个臂使用一个，电动机 MG2 则采用 6 对 IGBT，每个臂使用平行的一对。

带转换器的逆变器总成内安装有 MG ECU，根据接收来自混合动力车辆控制 ECU 总成的信号，MG ECU 控制逆变器和增压转换器以驱动发电机 MG1 或电动机 MG2 或者使其发电。

MG ECU 将车辆控制所需的信息（例如，大气压力、逆变器温度和任何故障信息）传输至混合动力车辆控制 ECU 总成。MG ECU 接收来自混合动力车辆控制 ECU 总成的控制发电机 MG1 和电动机 MG2 所需的信息（例如，所需原动力及发电机 MG1 和电动机 MG2 的温度）。

（3）快速识别方法与技巧

逆变器一般安装在发动机舱内，与电机三相高压线束连接。

（4）常见故障与处理

逆变器出现故障时，车辆无法使用 EV 模式，或相关的功能失效。

因逆变器总成不能单独维修，应按厂家要求进行逆变器总成的更换。

3.2.2　绝缘栅双极型晶体管（IGBT）

（1）外观、结构和位置（图3-2-2）

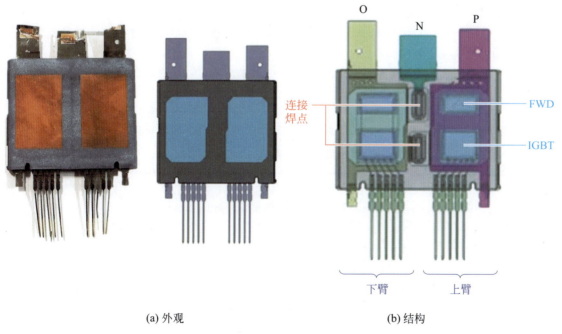

(a) 外观　　　　　　　　　　(b) 结构

图 3-2-2

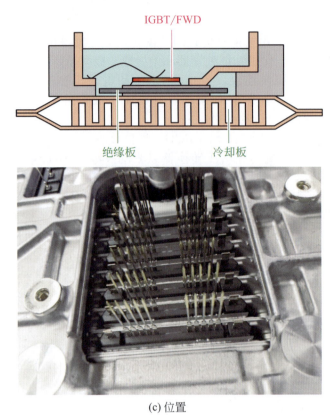

(c) 位置

图 3-2-2 绝缘栅双极型晶体管（IGBT）

（2）工作原理与作用

IGBT 是用绝缘栅双极型晶体芯片与续流二极管（FWD）芯片通过特殊的工艺封装成的模块化半导体芯片。

IGBT 主要应用于电动汽车的汽车电机驱动控制系统、车载空调控制系统、充电桩三大方面。

❶ 汽车电机驱动控制系统。新能源汽车中电机驱动系统的主要作用在于能量的转换，即从电池直流电转换到电机交流电或者从电机交流电转换到电池直流电，其中从直流电转到交流电称为逆变且主要用到的功率器件就是 IGBT。

IGBT 作为功率转换器件，其实更常用于高压功率的转换。电动汽车在转换过程中，电池电压一般在 200V 以上，过流能力在 300A 以上，功率器件的击穿电压为 600～1200V，开关频率在 20kHz 以内，因此可通过 IGBT 模块来实现高压、大电流的操作。

❷ 车载空调控制系统。电动汽车车载空调的工作原理与电动驱动相同，即通过逆变器将高压电池的直流电转换成交流电后，驱动电动空调压缩机电机进行工作，但同比电动驱动系统功率较小。而车载空调控制系统中击穿电压和额定电流的选定主要通过 IGBT 来实现。

❸ 充电桩。交流电通过整流功率模块转换成直流电，流经电容稳压滤波器后通过 IGBT 功率模块逆变为高频交流电，最后变压器耦合及整流单元将它转换成不同的直流电压等级，为不同的电动汽车充电。

（3）快速识别方法与技巧

IGBT 安装在逆变器内，在智能电源模块（IPM）的高压和大电流区域。

以丰田凯美瑞混合动力汽车为例,逆变器的桥接电路有 6 个 IGBT 用于 MG1,12 个 IGBT 用于 MG2(图 3-2-3)。

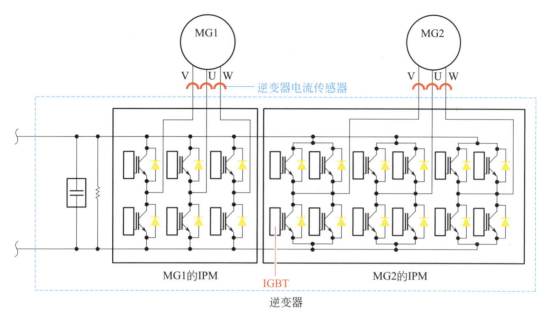

图 3-2-3　IGBT 内部位置

(4)常见故障与处理

当 IGBT 出现故障时,车辆无法上电或其他相关功能失效。

因逆变器总成不能单独维修,应按厂家要求进行逆变器总成的更换。

3.2.3　混合动力汽车高压互锁接头

(1)外观、结构和位置(图3-2-4)

图 3-2-4　混合动力汽车高压互锁接头

（2）工作原理与作用

高压互锁回路，是使用12V的小电流来确认整个高压电气系统的完整性，整车所有的高压部件和线束接插件都必须安装到位，无短路或断路的情况。

低压监测回路比高压监测回路先接通，后断开，中间保持必要的提前量，时间长短可以根据项目具体情形确定，比如150ms，大体在这个量级。

增压转换器采用执行切换控制的增压IPM、起感应器作用的电抗器和积累、存储电量的电容器。增压IPM采用IGBT2增压，采用IGBT1降压。

混合动力高压互锁的工作原理如图3-2-5所示。

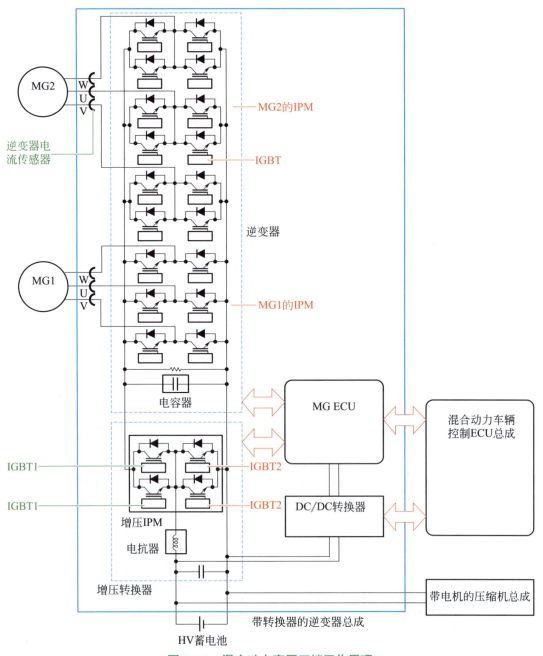

图 3-2-5 混合动力高压互锁工作原理

(3)快速识别方法与技巧

高压互锁一般在高压线束插接器上有两个针脚,与对应的零部件插座配合。也有的高压互锁在高压部件的盖上,类似于阴阳插接器。

(4)常见故障与处理

高压互锁出现故障时,整个高压系统会断电,车辆无法使用。使用诊断仪可读取到相关的故障码;高压线束上互锁故障可通过更换解决,高压部件上的互锁故障需向厂家申请技术支持。

可短接高压互锁线,查看故障是否消失,从而确定故障点。

3.2.4 电机电子装置冷却系统

(1)外观、结构和位置(图3-2-6)

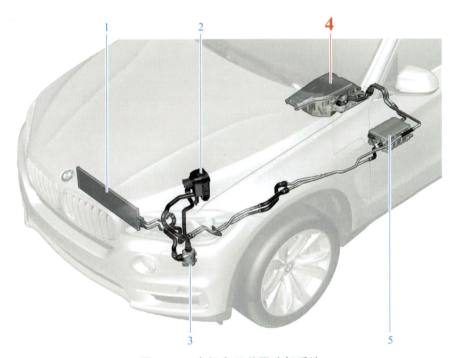

图 3-2-6 电机电子装置冷却系统

1—冷却液空气热交换器;2—冷却液补液罐;3—电动冷却液泵;4—电机电子装置;
5—便捷充电电子装置

(2)工作原理与作用

电机电子装置通过一个独立的冷却液循环回路进行冷却。电机电子装置的冷却液循环回路(图3-2-7)包括一个冷却液空气热交换器、一个电动冷却液泵、一个补液罐、冷却液管路。

冷却液空气热交换器集成在冷却模块内。根据电机电子装置的冷却要求,结合需要以耗油量优化方式控制电动冷却液泵和电子扇。

由于需要控制电子扇和电动冷却液泵,因此可避免影响电子装置使用寿命的剧烈温度波动,并达到能量优化式的冷却效果。

(3) 快速识别方法与技巧

沿着冷却液管路连接找，即可找到电机电子装置冷却系统。

(4) 常见故障与处理

在补液罐内未安装电动液位传感器，因此此维修时需要注意以下事项：由于未安装电动液位传感器，因此冷却系统泄漏等造成冷却液损耗时无法直接识别出来。出现冷却液损耗时，电机电子装置的温度会超出正常运行范围，在此情况下会降低电机电子装置的功率并输出相应检查控制信息。进行故障查询时，售后服务人员必须检查是否存在以下故障：

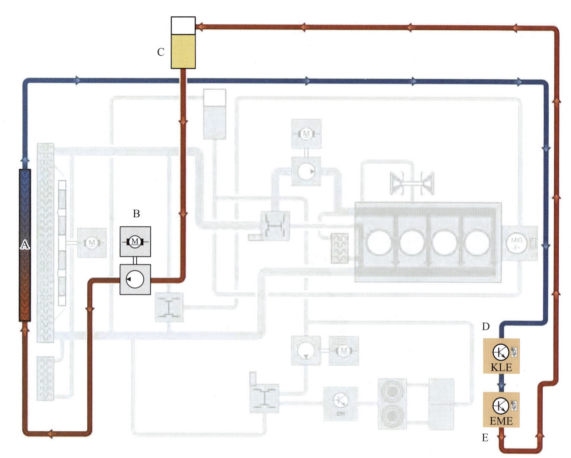

图 3-2-7 电机电子装置的冷却液循环回路
A—冷却液空气热交换器；B—电动冷却液泵；C—冷却液补液罐；
D—便捷充电电子装置；E—电机电子装置

❶ 因泄漏等情况造成冷却液损耗；
❷ 冷却液空气热交换器堵塞；
❸ 电子扇不运行或功能受限；
❹ 冷却液泵不运行；
❺ 冷却液管路或接口损坏；
❻ 需要冷却的组件损坏（电机电子装置）。

3.2.5 电流传感器

（1）外观、结构和位置（图3-2-8）

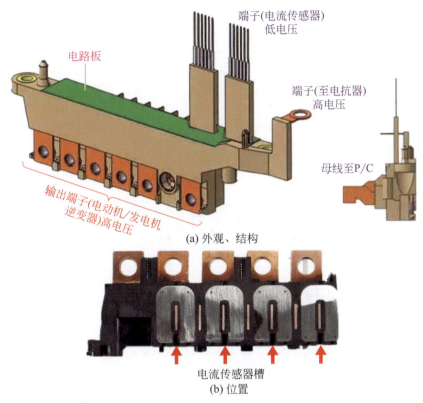

图 3-2-8 电流传感器

（2）工作原理与作用

电流传感器检测驱动发电机 MG1 和电动机 MG2 的三相交流的电流（A），实际用作 MG ECU 的反馈（图3-2-9）。

电流传感器位于带转换器的逆变器总成内，用于检测各发电机和电动机的 U、V 和 W 相。

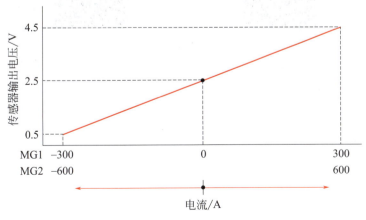

图 3-2-9 电流传感器特性

（3）快速识别方法与技巧

电流传感器安装在逆变器内。

以丰田凯美瑞混合动力汽车为例，逆变器的桥接电路有 6 个 IGBT 用于 MG1，12 个 IGBT 用于 MG2（图 3-2-10）。

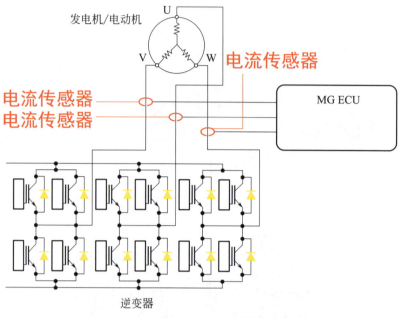

图 3-2-10　电流传感器位置

（4）常见故障与处理

因逆变器总成不能单独维修，应按厂家要求进行逆变器总成的更换。

扫一扫

视频精讲

扫一扫

视频精讲

第4章 高压配电系统零部件

4.1 纯电动汽车高压配电系统

4.1.1 高压配电箱

以比亚迪车型为例进行介绍。

（1）外观、结构和位置（图4-1-1）

(a) 外观

图 4-1-1

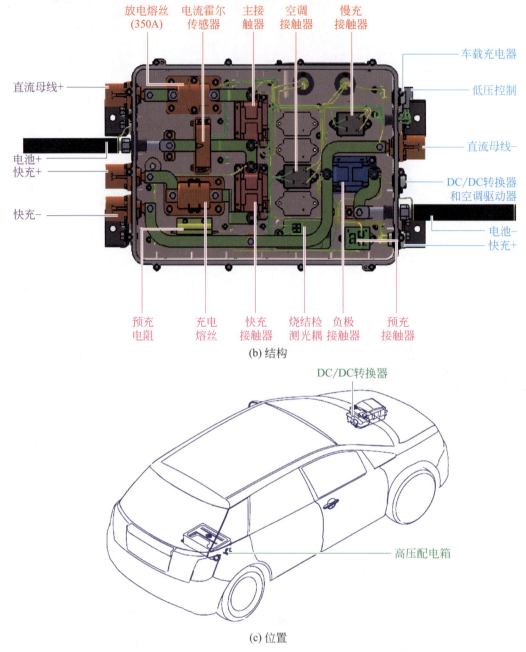

(b) 结构

(c) 位置

图 4-1-1　高压配电箱

（2）工作原理与作用

将电池包的高压直流电分配给整车高压电器使用，其上游是动力电池，下游包括电机控制器、直流充电口、车载充电器、DC/DC 转换器和空调驱动器、漏电传感器。

通过配电箱对电池包体中巨大的能量进行控制，相当于一个大型的电闸，通过接触器（继电器）的吸合来控制电流通断，将电流进行分流等。关键零部件为接触器，为了控制如此大的电流通过整车，需要通过几个接触器的并联工作，这也为接触器工作一致性和可靠性提出了苛刻的要求。

整车高压用电都是通过高压配电箱进行分配的。

（3）快速识别方法与技巧

对于高压配电箱，有的安装在后备厢内，有的安装在前机舱内。

可通过高压线束的连接，快速找到高压配电箱。

（4）常见故障与处理

高压配电系统常见症状有绝缘故障、回路不导通和回路短路等（表4-1-1）。

表4-1-1 高压配电系统故障处理方法

症状	检查项目	可能故障部件
绝缘故障	◆ 整车高压系统零部件绝缘电阻 ◆ 动力电池控制器	◆ 所有高压部件 ◆ 动力电池控制器
回路不导通	◆ 高压回路熔断器 ◆ 高压插接器	◆ 高压配电箱 ◆ 高压主电缆 ◆ 高压配电缆
回路短路	◆ 整车高压系统零部件	◆ 所有高压零部件

4.1.2 联合充电单元接口

以宝马ix3车型为例进行介绍。

（1）结构、外观和位置（图4-1-2）

(a) 结构

1—连至电子暖风装置EH(车厢内部)和连至电加热装置EH(高压蓄电池单元)的高压接口；2—连至电动空调压缩机EKK的高压接口；3—连至高压蓄电池单元的高压接口；4—低压电车载网络的接口；5—12V供电正极(DC/DC转换器输出端)；6—12V供电负极(DC/DC转换器输出端)；7—冷却液回流接口；8—冷却液进流接口；9—交流充电高压接口，充电接口的输入端

图4-1-2

(b) 外观和位置

图 4-1-2　联合充电单元接口

（2）工作原理与作用

冷却液接口：虽然联合充电单元工作效率非常高，但在输出满负荷功率时，必须加以积极的冷却。因此，它被集成到电驱动装置的冷却液循环回路中。

高压接口：在联合充电单元上有交流充电接口、高压电蓄电池单元、电动制冷剂压缩机、电加热装置 4 个高压接口（图 4-1-3）。

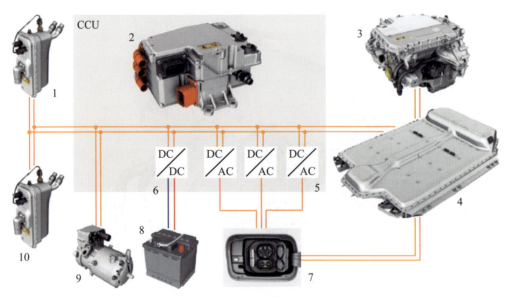

图 4-1-3　高压接口连接

1, 10—电动加热装置；2—联合充电单元；3—带有电机-电子伺控系统的电气化驱动单元；4—高压电蓄电池单元；
5—整流器；6—单向 DC/DC 转换器；7—充电接口；8—12V 蓄电池；9—电动制冷剂压缩机

低压接口：通过 2 个单独的低压接口和大横截面导线，将联合充电单元和 12V 车载网络连在一起（总线端 30 和 31）。联合充电单元中的 DC/DC 转换器（也被称为直流斩波器）

通过这个连接为整个 12V 车载网络供电，这两根导线和联合充电单元之间的导通分别通过螺栓连接进行。

除此以外，CCU 还具有一个 58 芯低压接口。这个接口汇总了下列一些导线和信号：
❶ CCU 控制单元的供电（总线端 30B 和总线端 31）；
❷ 唤醒导线 WUP；
❸ 通过总线端 30C 的供电；
❹ CAN-FD 接口；
❺ 加速踏板模块 FPM 的供电和信号导线；
❻ 电动风扇继电器的控制电路；
❼ 用于控制电动风扇、主动空气风门控制装置、电动冷却液泵（130W 和 80W）以及高压蓄电池单元；
❽ 电加热装置 EH 的 LIN 总线接口；
❾ 冷却液出口上的温度传感器；
❿ 连至充电接口电子装置的本地 CAN 接口；
⓫ 充电接口的控制和充电插头识别导线。

（3）快速识别方法与技巧

接口安装在前机舱内，高压线束为橙色，低压线束为黑色。
可通过高压线束的连接，快速确定接口定义。

（4）常见故障与处理

常见症状有绝缘故障、回路不导通和回路短路等，处理方法见表 4-1-1。

4.1.3 接触器

（1）外观、结构和位置（图4-1-4）

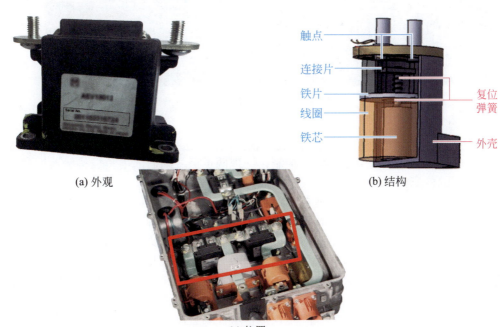

图 4-1-4 接触器

（2）工作原理与作用

与继电器的工作原理一样，是以小电流去控制大电流运作的一种"自动开关"，并在电路中与其他元器件组成安全保护机制与转换电路等。

（3）快速识别方法与技巧

接触器一般安装在高压控制器、动力电池总成内。

（4）常见故障与处理

接触器常见的故障为烧结、线圈断路等。

❶ 通过诊断仪直接读取一些车型的接触器烧结故障，直接更换即可。

❷ 万用表测量：在高压总成外部用万用表测高压插接端通断和阻值。图 4-1-5 中标注的电池和充电口分别为连接直流充电正负极和连接电池包正负极，所以可以在不拆解的情况下直接测量正与正和负与负之间是否导通。若两组都不导通且阻值无穷大，则表明正负接触器均正常；若两组中有一组或都导通且有 10Ω 左右阻值，则表明其中一个或正负接触器均烧结。

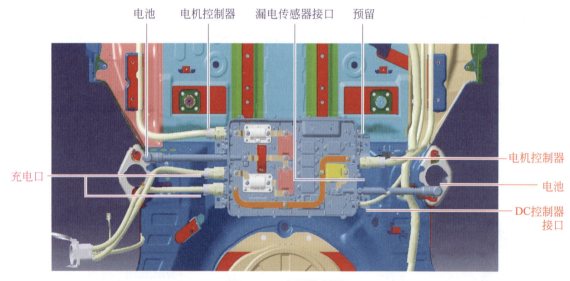

图 4-1-5 高压控制器

❸ 高压总成开盖检测。直接用万用表对相关的高压接触器进行高压开闭端的导通和阻值检测。因两正极之间通断由正接触器控制，同理两负极之间通断由负极接触器控制。在无电拆卸情况下的检测如下。

a. 直接用万用表检测，通向电池包正极和输入的直流充电正极之间的通断，若断开且阻值无穷大，则表明正接触器正常；若导通且有 10Ω 左右阻值，则表明正接触器烧结。

b. 直接用万用表检测，通向电池包负极和输入的直流充电负极之间的通断，若断开且阻值无穷大，则表明负接触器正常；若导通且有 10Ω 左右阻值，则表明负接触器烧结。

❹ 载诊断系统通过自身 BMS 检测。在直流充电进入充电确认阶段前，BMS 通过烧结检测模块分别对直流充电正、负极接触器进行烧结检测（图 4-1-6）。

当检测直流充电正极接触器时，烧结检测模块控制直流充电负极接触器吸合，检测光耦元件是否导通，若导通则表明正极接触器烧结。

检测负极接触器时的原理如上。需要注意的是，烧结检测发生在直流充电确认阶段前，若烧结发生在充电过程中，则在该充电过程中是不会报出烧结故障的。

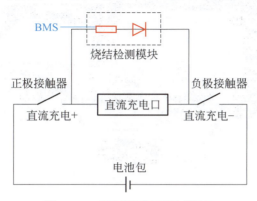

图 4-1-6　接触器烧结检测原理

a. 正极接触器检测如下。

正常情况：BMS 令负闭，正为断；BMS 通过烧结模块检测路径不通，则表明正接触器正常。

故障情况：若正接触器烧结，正接触器必然接通；BMS 检测高压通路，则确认正接触器烧结。

b. 负极接触器检测如下。

正常情况：BMS 令正闭，负为断；BMS 通过烧结模块检测路径不通，则表明负接触器正常。

故障情况：若负接触器烧结，负接触器必然接通；BMS 检测高压通路，则确认负接触器烧结。

4.1.4　纯电动汽车 DC/DC 转换器

（1）外观和位置（图 4-1-7）

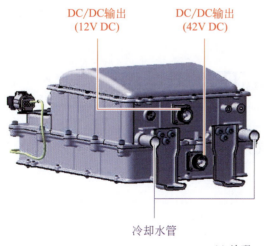

(a) 外观

图 4-1-7

(b) 位置

图 4-1-7　纯电动汽车 DC/DC 转换器

（2）作用

将动力电池的高压直流电转换成低压直流电供整车低压电器使用。

（3）快速识别方法与技巧

如果是单独的 DC/DC 转换器，一般安装在前机舱或后备厢内；如果是集成在高压电控总成内的，一般安装在前机舱内。

（4）常见故障与处理

❶ 常见故障：DC/DC 转换器未正常工作。

❷ 解决方法：检查连接器是否正常连接；检查高压保险是否熔断；检查使能信号是否给出。

❸ 判断 DC/DC 转换器是否工作的方法。

第一步，保证整车线束在正常连接的情况下，上电前使用万用表测量铅酸蓄电池端电压，并记录。

第二步，整车上 ON 电，继续读取万用表数值，查看变化情况，如果数值为 13.8～14V，判断为 DC/DC 转换器工作。

4.2　混合动力汽车高压配电系统

4.2.1　混合动力汽车 DC/DC 转换器

以丰田车型为例进行介绍。

（1）外观和位置（图4-2-1）

（2）工作原理与作用

丰田 DC/DC 转换器总成由五部分组成，包括：内部壳体、母线、印制电路板组件（PCBA）、电感器以及线束（布线）。

DC/DC 转换器能够将车辆的动力电池的高电压，转换成 12V、14V、24V 的低电压，使用这个转换器既能给车辆上的电器用电，也能给车辆的蓄电池充电。

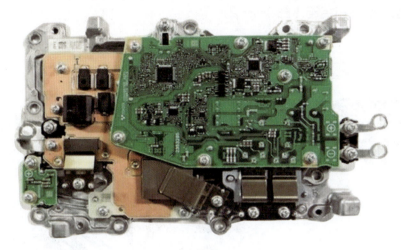

(a) 外观

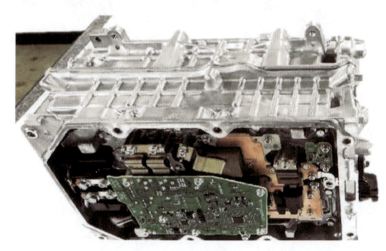

(b) 位置

图 4-2-1　混合动力汽车 DC/DC 转换器

　　DC/DC 转换器主要为车辆的动力系统、空调系统、多媒体系统、灯光系统提供充足的电力，是车辆中非常重要的一部分。DC/DC 转换器的电能是来自车辆的动力电池，如果车辆没电，DC/DC 转换器也不会工作。

（3）快速识别方法与技巧

DC/DC 转换器模块集成在逆变器内，位于逆变器底部。

（4）常见故障与处理

DC/DC 转换器未正常工作，相关功能失效。

因逆变器总成不能单独维修，应按厂家要求进行逆变器总成的更换。

4.2.2　高压配电接口

以宝马车型为例进行介绍。

（1）外观、位置和结构（图4-2-2）

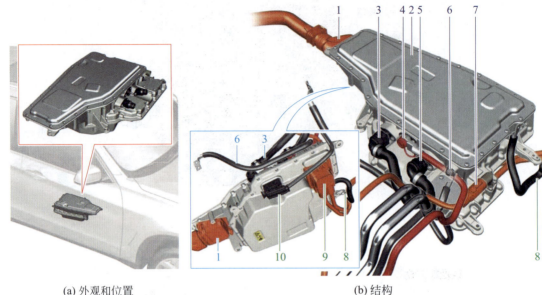

(a) 外观和位置　　　　　　　　　　　　　　(b) 结构

图 4-2-2　高压配电接口

1—连接电机的高压导线（交流电）；2—电机电子装置壳体；3—冷却液回流管路接口；4—DC/DC 转换器 +12 V 输出端；5—冷却液供给管路接口；6—DC/DC 转换器 -12V 输出端；7—用于便捷充电电子装置交流电充电的高压接口；8—电位补偿导线接口；9—连接高压蓄电池单元的高压导线（直流电）；10—低压插头

（2）工作原理与作用

❶ 低压接口：在电机电子装置的外部低压插头上汇集以下导线和信号：

a. EME 控制单元供电（前部配电盒的总线端 30B 和接地）；

b. Flex Ray 总线系统；

c. PT-CAN 总线系统；

d. PT-CAN2 总线系统；

e. 唤醒导线；

f. 用于发送碰撞信号的 ACSM 信号导线；

g. 控制车内空间截止阀；

h. 高压触点监控电路输入端和输出端（EME 控制单元分析信号并在电路断路时关闭高压系统，形成 SME 的冗余）；

i. 控制电动真空泵；

j. 用于 EME 的电动冷却液泵（PWM 信号）；

k. 分析电机的转子位置传感器信号；

l. 分析电机的温度传感器信号；

m. 附加蓄电池的智能型蓄电池传感器 IBS2（LIN 总线）；

n. 连接充电接口模块 LIM 的信号导线。

这些导线和信号的电流强度相对较小。通过两个独立的低压接口和横截面较大的导线使电机电子装置与12V 车载网络（总线端 30 和 31）连接。电机电子装置内的 DC/DC 转换器通过该连接为整个 12 V 车载网络提供能量。两根导线与电机电子装置的接触连接通过螺栓连接实现。

❷ 高压接口：电机电子装置上只有电机、高压蓄电池单元、便捷充电电子装置（交流电充电）三个高压接口，用于连接其他高压组件的导线（图 4-2-3）。用于电动制冷剂压缩机和电动加热装置的接口现在位于便捷充电电子装置上。

（3）快速识别方法与技巧

图 4-2-2 所示的电机电子装置位于后桥前方右侧地板上，其车型的电机电子装置一般安装在前机舱。

（4）常见故障与处理

常见症状有绝缘故障、回路不导通和回路短路等，处理方法参见表 4-1-1。

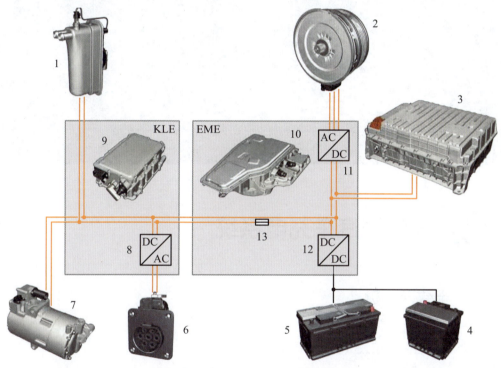

图 4-2-3　电机电子装置与其他高压组件之间的高压连接

1—电动加热装置；2—电机；3—高压蓄电池单元；4—附加蓄电池（12V）；5—车辆蓄电池（12V）；6—高压充电接口；7—电动制冷剂压缩机；8—单向 AC/DC 转换器；9—便捷充电电子装置；10—电机电子装置（整体）；11—双向 DC/AC 转换器；12—单向 DC/DC 转换器；13—过电流熔丝［在连接电动制冷剂压缩机和电动加热装置的供电导线内（80 A）］

扫一扫

视频精讲

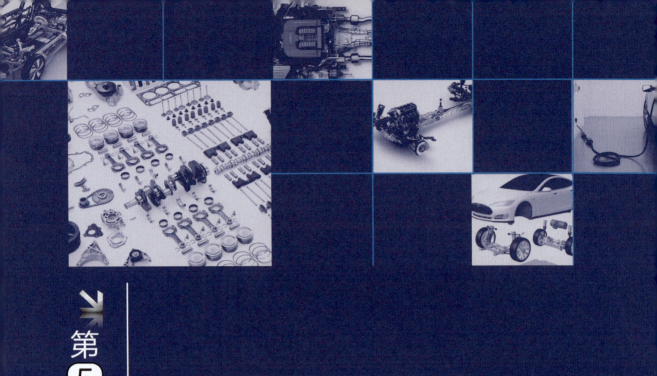

第 5 章 充电系统零部件

5.1 纯电动汽车充电系统

5.1.1 车载充电机

以大众 ID4 车型为例进行介绍。

（1）外观、结构和位置（图 5-1-1）

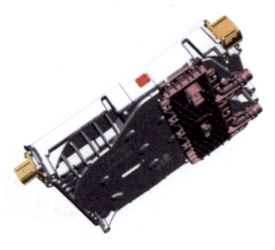

(a) 外观

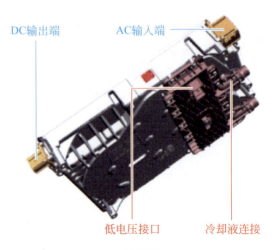

(b) 结构

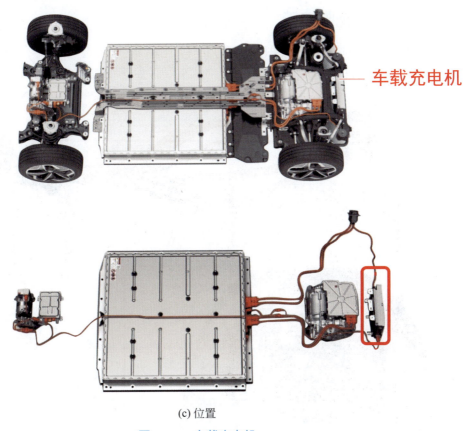

(c)位置

图 5-1-1 车载充电机

(2)作用

车载充电机的作用是将施加到高压蓄电池的交流电压(AC)转换为直流电压(DC)。充电功率为 7.2kW。其充电单元由高压蓄电池充电单元 J1050 的控制单元来调节,负责监测和调整充电过程。

与车载充电机连接:

❶ 用于交流充电的控制信号(CC,CP);
❷ 用于高压充电口盖板锁 1 的执行器 F496;
❸ 充电插座 LED 模块 1 L263;
❹ 用于高压充电插座锁 1 的执行器 F498;
❺ 高压蓄电池充电插座 1 UX4;
❻ 带充电插座温度传感器 G853;
❼ 充电插座温度传感器 2 G1151;
❽ 充电插座温度传感器 3 G1152。

(3)快速识别方法与技巧

大众 ID4 车型车载充电机安装在车辆后部。有的车型安装在前机舱内,与充电接口高压线束连接。

(4)常见故障与处理

常见故障现象为不能充电,在线路没问题的情况下更换车载充电机即可。

5.1.2 交流充电接口

（1）外观、结构和位置（图5-1-2）

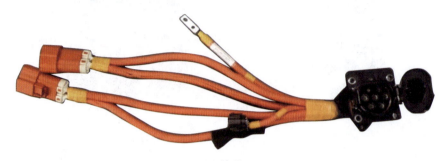

(a) 外观

车辆插座界面与端子布置

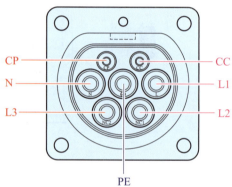

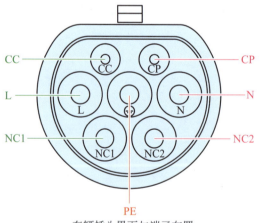

车辆插头界面与端子布置
L—A相；NC1—B相；NC2—C相；N—中性线；
PE—地线；CC—充电连接确认；CP—充电控制

(b) 结构　　　　　　　　　　(c) 位置

图 5-1-2　交流充电接口

（2）作用

通过家用 220V 插座和交流充电柜接入交流充电口，通过车载充电设备将高压交流电转为高压直流电给动力电池充电。

（3）快速识别方法与技巧

交流充电口为 7 孔。

扫一扫

视频精讲

（4）常见故障与处理

❶ 充电桩显示车辆未连接。

解决方案：

a. 检查车辆与充电桩两端枪是否反接；

b. 检查充电枪车端 CC 与 PE 是否有 680/220 Ω 电阻；

c. 检查充电枪桩端 CC 与 PE 是否导通；

d. 检查 VCU70 脚与 CC 是否导通。

❷ 动力电池继电器未闭合。

解决方案：

a. 检查连接器是否正常连接，检查充电机输出唤醒是否正常；

b. 检查 VCU 与 BMS 通信是否正常；

c. 检查 BMS 内部是否有故障。

❸ 电池继电器正常闭合，但充电机无输出电流。

解决方案：

a. 检查高压连接器及线缆是否正确连接；

b. 用诊断仪查看充电监控状态（图 5-1-3）。

北汽新能源 BAIC BJEV

北汽新能源>>车辆选择 >> E150EV >> 系统选择 >> 动力电池充电状态监控

名称	当前值	单位
动力电池充电请求	请求充电	
动力电池加热状态	未加热	
动力电池当前充电状态	充电状态	
动力电池允许最大充电电流	10.0	A
动力电池加热电流请求值	6.0	A
动力电池允许最高充电端电压	370.00	V
剩余充电时间	0	min
CHG初始化状态	已完成	
动力电池加热状态	停止加热	
充电机当前充电状态	正在充电	
充电机输出端电流	7.5	A
充电机输出端电压	3353.0	V
充电机输出端过压保护故障	正常	
充电机输出端欠压保护故障	正常	
充电机输出电流过流保护故障	正常	
充电机过温保护故障	正常	

图 5-1-3　充电监控状态

5.1.3 直流充电接口

（1）外观、结构和位置（图5-1-4）

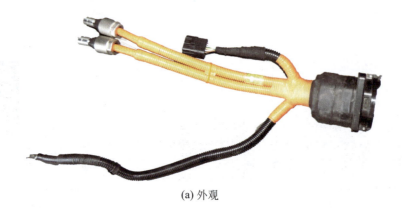

(a) 外观

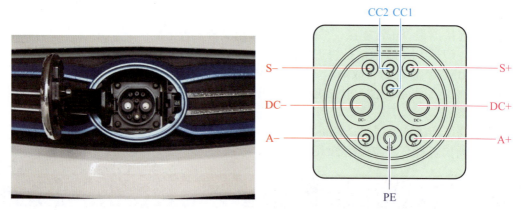

车辆插座界面与端子布置

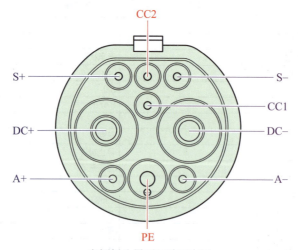

车辆插头界面与端子布置

(b) 结构

A-—低压辅助电源负；A+—低压辅助电源正；CC2—直流充电感应信号；CC1—车身地；S-—CAN-L；S+—CAN-H；PE—地线；DC-—动力电池负极；DC+—动力电池正极

(c) 位置

图 5-1-4　直流充电接口

（2）作用

通过直流充电柜将高压直流电通过直流充电口给动力电池充电。

（3）快速识别方法与技巧

直流充电口为 9 孔。

（4）常见故障与处理

❶ 充电桩显示车辆未连接。

解决方案：

a. 检查快充口 CC1 端与 PE 端是否有 1000Ω 电阻；

b. 检查快充口导电层是否脱落充；

c. 检查电枪 CC2 与 PE 是否导通。

❷ 动力电池继电器未闭合。

解决方案：

a. 检查充电桩输出正极唤醒信号是否正常；

b. 检查充电桩输出负极唤醒信号与 PE 是否导通；

c. 检查充电桩 CAN 通信是否正常。

❸ 电池继电器正常闭合，但无输出电流。

解决方案：检查充电桩与动力电池 BMS 软件版本是否匹配。

扫一扫

视频精讲

5.1.4　交流充电系统

（1）交流充电系统的组成

主要由供电设备（充电桩）、车载充电机、高压控制盒、动力电池、整车控制器、高压线束和低压控制线束等。

（2）慢充模式结构原理

充电枪连接通过充电机反馈到 VCU，再唤醒仪表显示连接状态（负触发）。

充电机同时唤醒 VCU 和 BMS（正触发），VCU 唤醒仪表启动显示充电状态（负触发）；

正、负主继电器由 VCU 发出指令，由 BMS 控制闭合（图 5-1-5）。

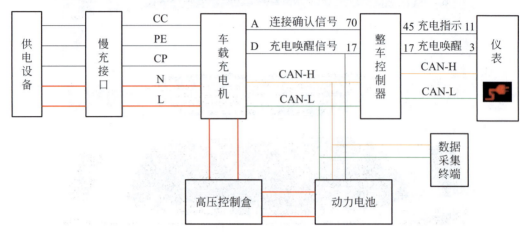

图 5-1-5　慢充模式结构原理

（3）慢充模式工作原理

充电桩通过 CC 连接确认信号后，把 S_1 开关从 12V 端切换到 PWM 端；当检测点 1 电压降到 6V 时，充电桩 K_1/K_2 开关闭合输出电流（图 5-1-6）。

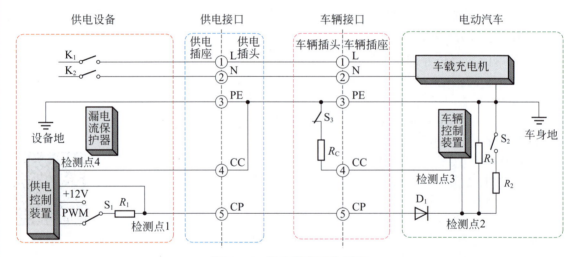

图 5-1-6　慢充模式工作原理

（4）充电控制流程（图 5-1-7）

❶ 交流供电。

❷ 充电唤醒。

❸ BMS 检测充电需求。

❹ BMS 给车载充电机发送工作指令并闭合继电器。

❺ 车载充电机开始工作，进行充电。

❻ 电池检测充电完成后，给车载充电机发送停止指令。

❼ 车载充电机停止工作。

❽ 电池断开继电器。

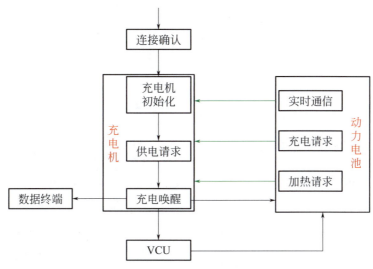

图 5-1-7 充电控制流程

（5）充电条件要求

❶ 充电线连接确认信号正常。

❷ 充电机供电电源正常（含 220V 和 12V）及充电机工作正常。

❸ 充电唤醒信号输出正常（12V）。

❹ 充电机、VCU、BMS 之间通信正常（主继电器闭合、发送电流强度需求）。

❺ 动力电池电芯温度＞0℃／＜45℃。

❻ 单体电池最高电压与最低电压差＜0.3V（300mV）。

❼ 单体电池最高温度与最低温度差＜15℃。

❽ 绝缘性能＞20MΩ。

❾ 实际单体最高电压不大于额定单体电压0.4V。

❿ 高、低压电路连接正常（远程控制开关关闭状态）。

5.1.5 直流充电系统

（1）直流充电系统的组成

主要包括充电设备（充电桩）、高压控制盒、动力电池、整车控制器、高压线束和低压控制线束等。

直流充电桩如图 5-1-8 所示。

（2）快充模式系统结构原理

车辆插头和车辆插座在连接过程中触头耦合的顺序为：保护接地，充电连接确认（CC2），直流电源正与直流电源负，低压辅助电源正与低压辅助电源负，充电通信，充电连接确认（CC1）；在脱开的过程中则顺序相反。直流充电控制导引电路与控制原理如图 5-1-9 所示。

图 5-1-8 直流充电桩

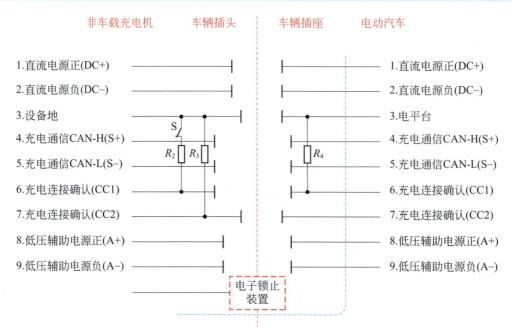

图 5-1-9 直流充电控制导引电路与控制原理

充电的基本过程：在电池两端加载直流电压，以恒定大电流对电池充电，电池的电压渐渐地缓慢上升，上升到一定程度，电池电压达到标称值，SOC 达到 95%（针对不同电池，不一样）以上，继续以恒压小电流对电池进行充电。"电压上去了，但电量没有充满，就是没有充实，如果有时间，可以改用小电流充实"。快充模式系统结构原理如图 5-1-10 所示。

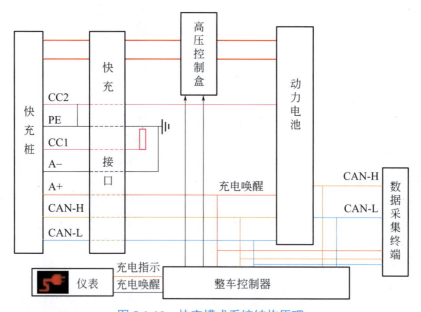

图 5-1-10 快充模式系统结构原理

（3）充电条件要求

❶ 充电线连接确认信号正常。

❷ BMS 供电电源正常（12V）。

❸ 充电唤醒信号输出正常（12V）。
❹ 充电桩、VCU、BMS之间通信正常（主继电器闭合、发送电流强度需求）。
❺ 动力电池电芯温度＞5℃ / ＜45℃。
❻ 单体电池最高电压与最低电压差＜0.3V（300mV）。
❼ 单体电池最高温度与最低温度差＜15℃。
❽ 绝缘性能＞20MΩ。
❾ 实际单体最高电压不大于额定单体电压0.4V。
❿ 高、低压电路连接正常（远程开关关闭状态）。

5.1.6 纯电动汽车制动能量回收

可以把制动时动能的很大部分进行回收（回收——电机当作发电机来工作）。有3种不同的能量回收模式：借助点动开关的手动式减速超速能量回收、通过效率辅助系统的自动式减速超速能量回收以及制动能量回收。在制动能量回收时，根据蓄电池充电状态和行驶状态，能量回收会产生不高于约0.3g的减速度。制动能量回收示意如图5-1-11所示。

图 5-1-11　制动能量回收示意

制动能量回收（电控减速）和液压制动装置实施的减速之间的过渡是平顺的，驾驶人是感觉不出来的，是通过电动液压式制动调节系统以复杂而精准的调节来实现的（图5-1-12）。

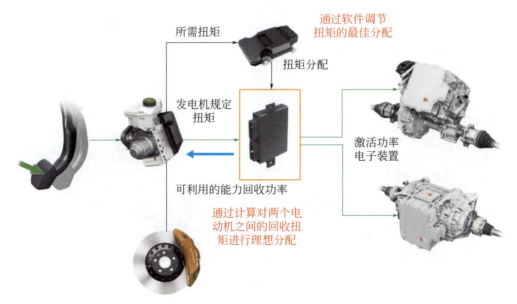

图 5-1-12　制动能量回收工作过程

5.2 混合动力汽车充电系统

5.2.1 非插电式混合动力汽车充电系统

以本田雅阁混合动车车型为例进行介绍。

（1）外观、结构和位置（图5-2-1）

(a) 外观

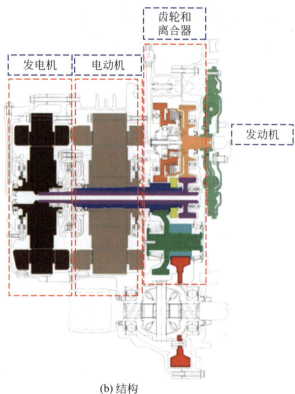

(b) 结构

(c) 位置

图 5-2-1 非插电式混合动力充电系统

（2）作用

在车辆行驶之初，蓄电池处于电量饱满状态，其能量输出可以满足车辆要求，辅助动力系统不需要工作。电池电量低于 60% 时，辅助动力系统启动：当车辆能量需求较大时，辅助动力系统与蓄电池组同时为驱动系统提供能量；当车辆能量需求较小时，辅助动力系统为驱动系统提供能量的同时，还给蓄电池组进行充电。

（3）快速识别方法与技巧

发电机在 E-CVT 变速驱动桥靠近后端的位置。

（4）常见故障

无法使用 EV 模式、无法充电等相关功能失效。

5.2.2　非插电式混合动力汽车充电冷却系统

以丰田卡罗拉混合动力车型为例进行介绍。

（1）外观、结构和位置（图5-2-2）

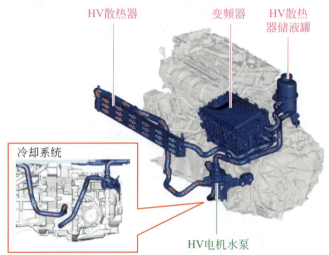

图 5-2-2　丰田卡罗拉混合动力车型充电冷却系统

（2）作用

当处于 READY-ON 模式时，冷却系统（HV 电机水泵）总处于激活状态（图 5-2-3）。

（3）快速识别方法与技巧

沿着冷却液管路连接找，即可找到冷却系统循环回路系统。

（4）常见故障与处理

❶ 冷却液泄漏：如果是密封件泄漏，则更换密封件；如果是水管接头泄漏，则更换水管和卡箍。

❷ 冷却系统堵塞：散热器易出现堵塞，首先检查散热器、水管，若没发现问题再检查其他零部件。

❸ 冷却液不循环：首先检查节温器、水泵，若没发现问题再检查冷却系统是否堵塞。

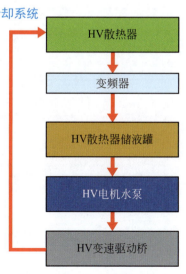

图 5-2-3　冷却系统循环回路

5.2.3　插电式混合动力汽车充电系统

以宝马5系插电式混合动力车型为例进行介绍。

（1）外观、结构和位置（图5-2-4）

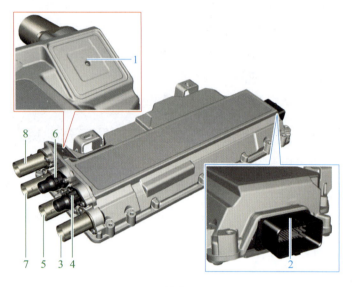

(a) 外观　　　　　　　　　　　　　　(b) 结构

1—排气口；2—低电压接口/信号接口；3—电气加热装置高电压接口；4—冷却液回流接口；5—电动空调压缩机高电压接口；6—冷却液供给接口；7—电机电子装置EME高电压接口；8—充电接口高电压接口

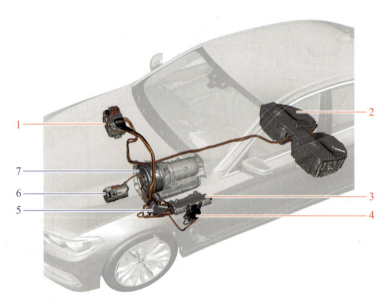

(c) 位置

1—电机电子装置；2—高电压蓄电池单元；3—便捷充电电子装置；4—充电接口；5—电气加热装置；6—电动空调压缩机；7—电机

图5-2-4　插电式混合动力汽车充电系统

（2）作用

便捷充电电子装置的主要任务如图 5-2-5 所示。

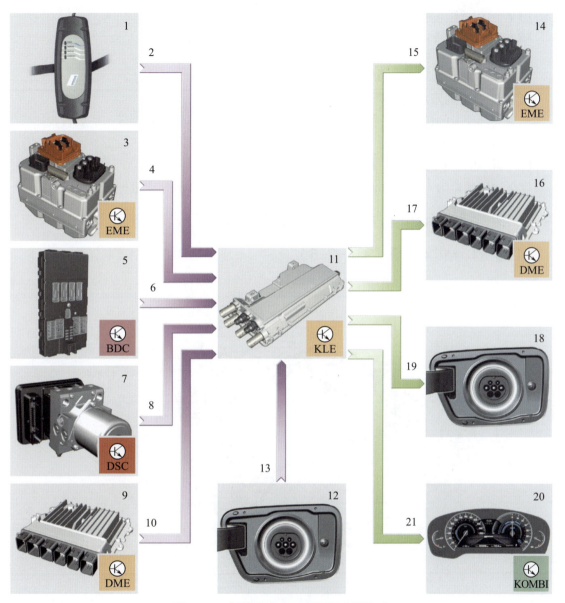

图 5-2-5　便捷充电电子装置的主要任务

1—电动车辆供电设备；2—有关交流电压网络是否可用、充电电缆是否正确连接以及最大可用电流强度的信息；3—电机电子装置；4—所要求的充电功率、充电电压和充电电流强度（规定值）；5—车身域控制器；6—总线端状态，行驶准备就绪已关闭；7—动态稳定控制系统；8—车速信息；9—数字式发动机电子系统；10—驻车锁状态；11—便捷充电电子装置；12—车辆上的充电接口；13—充电接口盖和充电插头的状态电机电子装置；14—所设置充电功率、充电电压和充电电流强度的实际值，充电授权；15—数字式发动机电子系统；16—有关充电电缆是否插入和充电过程是否启用的信息；17—充电接口；18—控制用于定向照明和充电状态显示的 LED，控制充电插头锁止装置；19—组合仪表；20—用于显示充电信息的信号；21—组合仪表连接

❶ 通过控制导线和接近导线与EVSE进行通信；
❷ 控制充电状态显示；
❸ 识别充电接口盖的状态；
❹ 控制用于锁止充电插头的电机；
❺ 将交流电压转化为直流电压（AC/DC 转换器）；
❻ 为电动空调压缩机提供高电压；
❼ 为电动加热装置提供高电压。

（3）快速识别方法与技巧

读取零部件上的标签，其上标注零部件的名称；或沿着高压线束、低压线束查找连接的相关零部件。

（4）常见故障与处理

常见故障现象为不能充电，在线路没问题的情况下更换车载充电机即可。

5.2.4 插电式混合动力汽车充电冷却系统

（1）外观、结构和位置（图5-2-6）

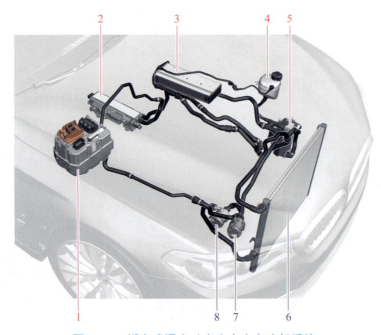

图 5-2-6　插电式混合动力汽车充电冷却系统

1—电机电子装置；2—便捷充电电子装置；3—集成式间接增压空气冷却器（空气冷却液热交换器）；4—冷却液补液罐；5—通过冷却液冷却的空调冷凝器（冷却液制冷剂热交换器）；6—散热器（空气冷却液热交换器）；7，8—电动冷却液泵

（2）工作原理与作用

冷却液循环回路（图5-2-7）包括1个冷却液制冷剂热交换器、2个空气冷却液热交换器、2个电动冷却液泵（均为80W）和1个补液罐冷却液管路。

散热器（空气冷却液热交换器）集成在冷却模块内。取决于电机电子装置的冷却要求，根据需要以耗油量优化方式控制电动冷却液泵和电子扇。

由于根据需要控制电子扇和电动冷却液泵,因此可避免影响电子装置使用寿命的剧烈温度波动,同时达到能量优化方式的冷却效果。

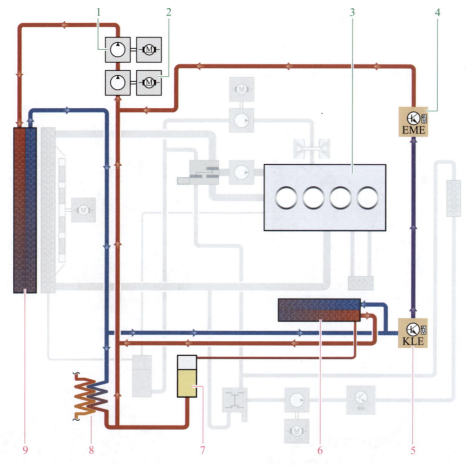

图 5-2-7　冷却液循环回路

1,2—电动冷却液泵;3—内燃机;4—电机电子装置;5—便捷充电电子装置;6—集成式间接增压空气冷却器(空气冷却液热交换器);7—冷却液补液罐;8—通过冷却液冷却的空调冷凝器(冷却液制冷剂热交换器);9—散热器(空气冷却液热交换器)

(3)快速识别方法与技巧

沿着冷却液管路连接找,即可找到冷却系统循环回路系统。

(4)常见故障与处理

在补液罐内未安装电动液位传感器时维修应注意以下事项:由于未安装电动液位传感器,因此冷却系统泄漏等造成冷却液损耗时无法直接识别出来。出现冷却液损耗时,电机电子装置的温度会升高到超出正常运行范围。在这种情况下,降低电机电子装置功率并输出相应检查控制信息。进行故障查询时,售后服务员工必须检查是否存在以下故障:

❶ 因泄漏等情况造成冷却液损耗;
❷ 散热器(空气冷却液热交换器)堵住;
❸ 电子扇不运行或功能受限;

④ 冷却液泵不运行；

⑤ 冷却液管路或接口损坏；

⑥ 需要冷却的组件损坏。

5.2.5　增程式混合动力汽车充电系统

以宝马增程式混合动力车型为例进行介绍。

（1）外观、结构和位置（图5-2-8）

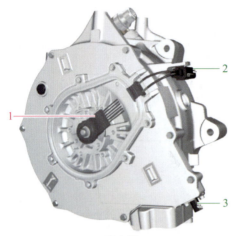

发电机　　　　　　　　便捷充电电子装置

(a) 外观

1—增程电机内的转子位置传感器；2—转子位置传感器接口；3—温度传感器接口

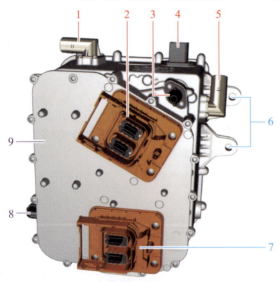
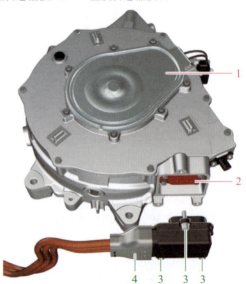

1—自充电接口的高电压导线(交流电)；2—至电机电子装置的高电压导线(直流电)；3—冷却液管路(供给)；4—低电压导线；5—从便捷充电电子装置至电机电子装置的高电压导线(交流电)；6—便捷充电电子装置固定装置(电位补偿触点)；7—自增程电机电子装置的高电压导线(直流电)；8—冷却液管路(回流)；9—便捷充电电子装置

1—增程电机；2—增程电机上的高电压接口；3—高电压接口固定螺栓；4—高电压插头和REME导线

(b) 结构

第 5 章 充电系统零部件

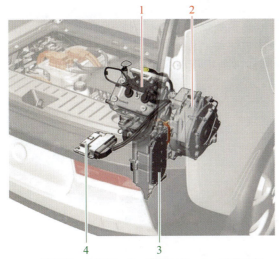
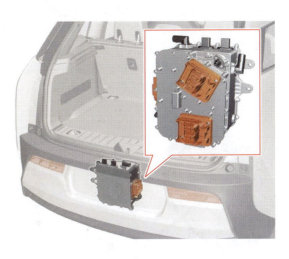

1—增程器，内燃机；2—增程电机；3—增程电机电子装置；4—增程器数字式发动机电子系统

便捷充电电子装置安装位置

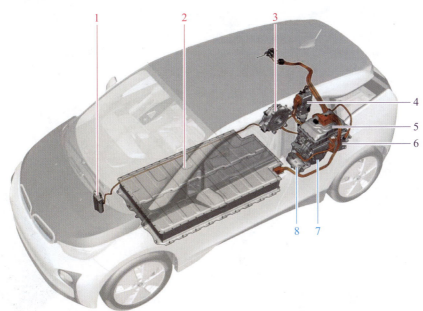

1—电气加热装置；2—高电压蓄电池；3—增程电机；4—增程电机电子装置；5—电机电子装置；6—便捷充电电子装置；7—电机；8—电动制冷剂压缩机

(c) 位置

图 5-2-8　增程式混合动力汽车充电系统

（2）工作原理与作用

增程电机是一种同步电机，其基本结构和工作原理与带内转子的永磁激励同步电机相同。转子位于内部且装有永久磁铁。定子由带铁芯的三相绕组构成，以环形方式布置在转子外围。如果在定子绕组上施加三相交流电压，所产生的旋转磁场（在电机运行模式下）就会"带动"转子内的磁铁。

在带增程器的车辆上采用的主要驱动方式也是由高压蓄电池为电动驱动装置提供能量。

75

只有高压蓄电池充电状态降至规定值以下时，才会启用增程器系统。

一旦蓄电池充电状态达到临界水平，增程器就会负责提供到达目的地的所需能量。因此只在需要的情况下由车辆电子系统启动增程器。通过驱动增程电机可为继续行驶提供所需能量，这样可使蓄电池充电状态保持恒定，从而继续通过电机驱动车辆，延长车辆的可达里程。能量流/动力传递路线如图 5-2-9 所示。

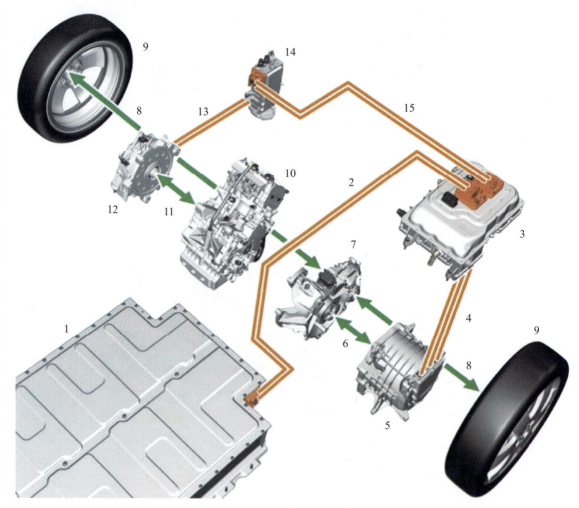

图 5-2-9　能量流/动力传递路线

1—高压蓄电池；2—通过 2 芯高压导线实现双方向能量流（电能）；3—电机电子装置；4—通过 3 芯高压导线实现双方向能量流（电能）；5—电机；6—从电机到变速箱以及从变速箱到电机的动力传递路线（机械能）；7—变速箱；8—通过半轴从变速箱到后车轮以及从后车轮到变速箱的动力传递路线（机械能）；9—后车轮；10—增程发动机；11—连接；12—驱动电机；13,15—高压导线；14—控制器

发动机通过一个啮合轴与增程电机以机械方式连接在一起。高压蓄电池电量不足时，通过增程电机启动发动机。在此情况下，增程电机处于电机运行模式。通过高压蓄电池提供启动发动机的电能。启动后，增程电机就会从电机运行模式切换为发电机运行模式并产生电能以便通过（主）电机用于驱动车辆。发动机通过机械方式与驱动轮进行连接。发动机的机械能通过增程电机仅转换为电能。（主）电机使用该电能并将其转换为用于驱动后车轮的机械能。

(3) 快速识别方法与技巧

读取零部件上的标签，其上标注零部件的名称；或沿着高压线束、低压线束查找连接的相关零部件。

(4) 常见故障与处理

增程式混合动力汽车充电系统常见故障与处理如图 5-2-10 所示。

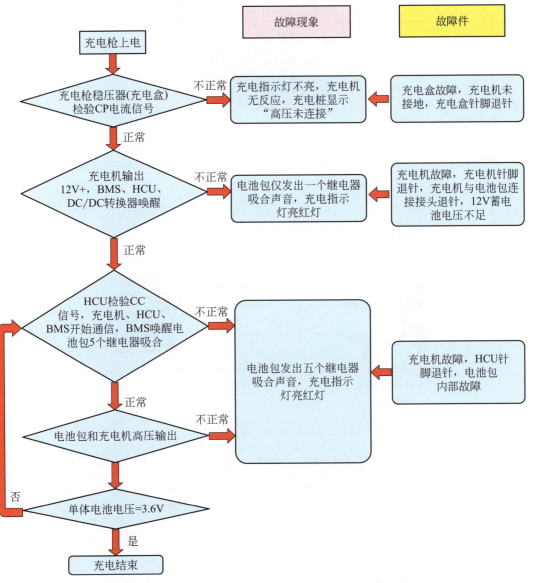

图 5-2-10　增程式混合动力汽车充电系统常见故障与处理

HCU—混动控制单元；BMS—电池管理系统

5.2.6　增程式混合动力汽车充电冷却系统

以宝马增程式混合动力车型为例进行介绍。

（1）外观、结构和位置（图5-2-11）

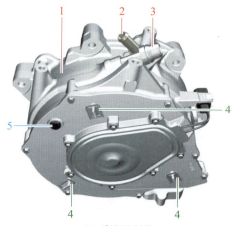

(a) 外观和结构

1—增程电机；2—冷却液管路接口(供给)；3—冷却液管路接口(回流)；4—覆盖物固定弹簧；5—排气装置

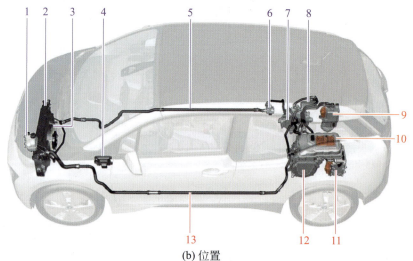

(b) 位置

1—驱动组件冷却液循环回路内的补液罐；2—冷却液散热器；3—用于冷却液散热器的电风扇；4—数字式发动机电气电子系统；5—供给管路；6—电动冷却液泵；7—增程电机；8—内燃机冷却液循环回路内的补液罐；9—增程电机电子装置；10—电机电子装置；11—便捷充电电子装置；12—电机；13—回流管路

图 5-2-11 增程式混合动力汽车充电冷却系统

（2）工作原理与作用

待冷却的组件接入冷却液循环回路内，以便保持组件所要求的最高温度水平。电机电子装置所要求的温度比电机低，因此选择按该顺序串联。由于电动驱动装置和便捷充电电子装置不同时运行，因此选择了并联。增程电机和增程电机电子装置首先串联连接。由于这两个组件与便捷充电电子装置和电机电子装置不同时运行，因此与其串联连接。此外冷却系统也无需针对所有热功率之和进行设计，因为实际上只需在一个或两个并联支路中排出热量。

冷却系统概览如图 5-2-12 所示，蓝色表示较低温度，红色表示冷却液温度较高。

第 5 章 充电系统零部件

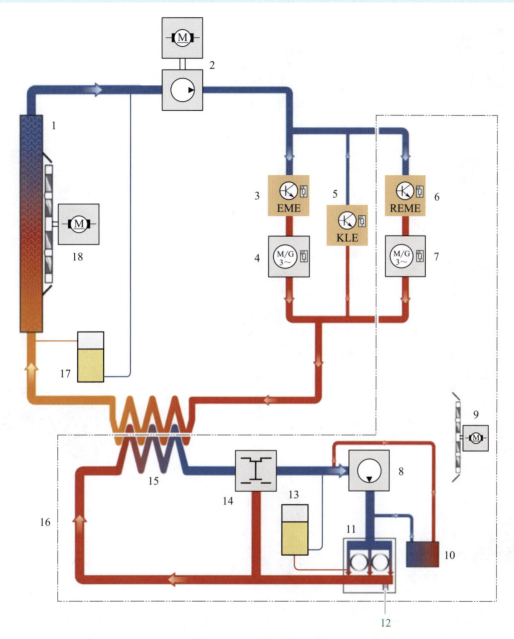

图 5-2-12 冷却系统概览

1—冷却液散热器；2—电动冷却液泵；3—电机电子装置；4—电机；5—便捷充电电子装置；6—增程电机电子装置；7—增程电机；8—机械冷却液泵；9—用于增程器冷却总成（冷却液制冷剂热交换器）的附加电风扇；10—发动机油冷却液热交换器；11—增程器（发动机）；12—冷却液温度传感器；13—内燃机冷却液循环回路内的补液罐；14—节温器；15—用于增程器的冷却液制冷剂热交换器；16—该区域仅限于带有增程器时；17—驱动组件冷却液循环回路内的补液罐；18—用于冷却液散热器的电风扇

冷却液泵由 EDME 控制单元控制。为此冷却液泵和 EDME 控制单元通过一根直接导线相互连接。通过 PWM 信号以可变功率控制电动冷却液泵，通过总线端 30B 为冷却液泵供电。冷却液泵安装在右后侧。冷却系统输入/输出如图 5-2-13 所示。

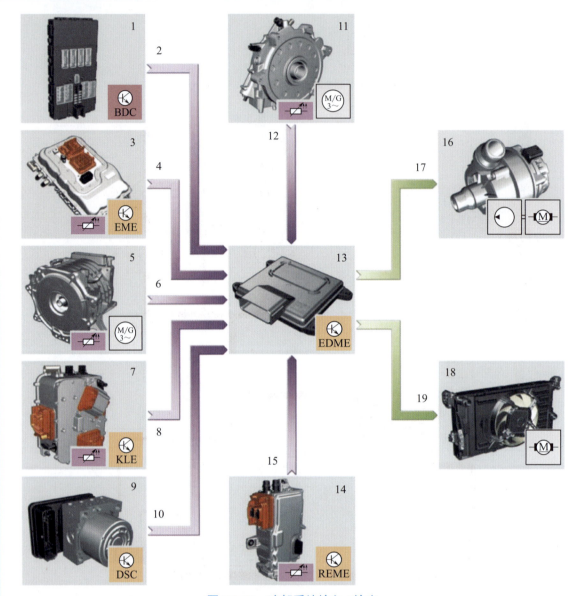

图 5-2-13　冷却系统输入/输出

1—车身域控制器；2—总线端状态信号；3—电机电子装置内的温度传感器；4—电机电子装置内供电电子装置的温度信号；5—电机内的温度传感器；6—电机内的温度信号；7—便捷充电电子装置内的温度传感器；8—便捷充电电子装置内的温度信号；9—动态稳定控制系统；10—车速信息；11—增程电机内的温度传感器；12—增程电机内的温度信号；13—数字式发动机电气电子系统；14—增程电机电子装置内的温度传感器；15—增程电机电子装置内的温度信号；16—电动冷却液泵；17—电动冷却液泵功率要求；18—电风扇；19—电风扇转速要求

（3）快速识别方法与技巧

沿着冷却液管路连接找，即可找到冷却系统循环回路系统。

（4）常见故障与处理

补液罐位于车辆行驶方向左侧、发动机室盖下方空间内，在补液罐内未安装电动液位传感器。

进行维修时需要注意以下事项：由于未安装电动液位传感器，因冷却系统泄漏等造成冷却液损耗时无法直接识别出来。出现冷却液损耗时，所冷却组件（电机、电机电子装置、便捷充电电子装置、增程电机和增程电机电子装置）的温度会超出正常运行范围。在此情况下会降低电动驱动装置的功率并输出相应检查控制信号。进行故障查询时维修人员必须检查是否存在以下故障：

❶ 因泄漏等情况造成冷却液损耗；
❷ 冷却液空气热交换器堵塞；
❸ 电风扇不运行或功能受限；
❹ 冷却液泵不运行；
❺ 冷却液管路或接口损坏；
❻ 待冷却的组件损坏（电机、电机电子装置、便捷充电电子装置、增程电机、增程电机电子装置）。

5.2.7 混合动力汽车制动能量回收

在此电机以发电机形式工作，从而通过自动变速箱、传动轴、前桥和后桥主减速器以及半轴对驱动轮进行制动。通过电机电子装置可将由此产生的能量用于高压蓄电池单元充电。

踩下制动踏板时可在此范围内以纯发电机形式在无需液压制动压力的情况下进行减速。在此运行状态下，车轮制动器的制动摩擦片只是靠在制动盘上，但不产生制动功率，这样可提高驱动装置的效率，因为可将更多可用能量输送回高压蓄电池单元内。

制动能量回收利用输入信号相关部件如图 5-2-14 所示。

图 5-2-14 制动能量回收利用输入信号相关部件
1—带制动踏板角度传感器的制动踏板；2—加速踏板模块；
3—数字式发动机电子系统；4—动态稳定控制系统

能量回收式制动的主要输入参数是制动踏板行程和加速踏板角度。
❶ 制动踏板角度由制动踏板角度传感器探测、换算为制动踏板行程，并由动态稳定控制系统读取。
❷ 加速踏板角度由加速踏板模块探测，并由数字式发动机电子系统读取。

在未踩下制动踏板但加速踏板角度为零的情况下,电机以发电机模式运行。电机电子装置通过控制电机产生相当于传统车辆滑行模式下的整车制动力。根据所选行驶模式,通过滑行能量回收利用会形成不同的减速情况。

5.2.8　充电系统维修开关

（1）外观和位置（图5-2-15）

扫一扫
视频精讲

(a) 外观

(b) 位置

图 5-2-15　充电系统维修开关

（2）作用

维修开关的作用是检修时为了确保人车安全,通过拔出维修开关将高压系统的电源断开。它可以实现高压系统的电气隔离,同时也可以起到短路保护的作用。

（3）快速识别方法与技巧

维修开关安装位置一般有两种:一种是位于高压电源的正极;另一种是布置于动力电池总成组中间。维修开关位于动力电池的正极,在动力电池正极与维修开关有一段电路,如果采用这种类型布置方式,需要保证此段电路处于人体不能接触的区域（一般在动力电池总成内部位置）。

（4）常见故障与处理

常见故障为互锁插接器接触不良,维修或更换维修开关即可。

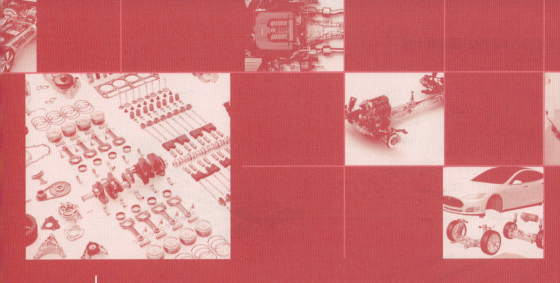

第6章 动力电池及电池管理系统零部件

6.1 纯电动汽车动力电池系统

6.1.1 纯电动汽车动力电池

（1）外观、结构和位置（图6-1-1）

扫一扫

视频精讲

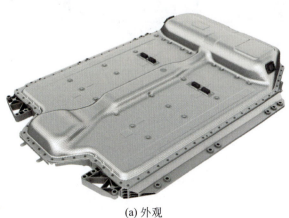

(a) 外观

图 6-1-1

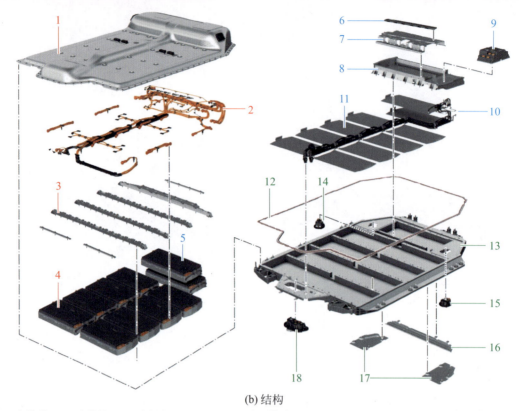

(b) 结构

1—壳体盖；2—电接线；3—夹紧条；4—9s2p 电池单元模块；5—11s2p 电池单元模块；6—电池监控电子设备 CSC；7—CSC 支架；8—中间层；9—存储器电子管理系统 SME；10—带有冷却液管的调温系统；11—电池单元模块热交换器；12—外壳密封件；13—外壳下部件；14—连至直流充电插座的高压接口；15—连至电气化驱动单元 EAE 的高压接口；16—嵌条；17—高压接口饰盖；18—高压连接区

(c) 位置

图 6-1-1　纯电动汽车动力电池

（2）作用

动力电池系统的功能为接收和储存由车载充电机、发电机、制动能量回收装置及外置充电装置提供的高压直流电，并且为驱动电机控制器、DC/DC 转换器、电动空调、PTC 等高压元件提供高压直流电。

电动汽车的高压蓄电池作为蓄能器，相当于一个由内燃机驱动的车辆中的燃油箱。为了达到可接受的续航里程，相应确定了高压蓄电池的尺寸，也为车辆提供动力源。

高压蓄电池的组件有带有单格电池的电池单元模块、电池监控电子设备 CSC、存储器电子管理系统 SME、带有热交换器和冷却液管的调温系统、电缆束、高压导线、接口（电气系统和冷却液）、排气单元、外壳和紧固件。

（3）快速识别方法与技巧

高压蓄电池大面积地安装在前桥和后桥之间的底板上，这样做的优点在于车辆的重心会进一步向下偏，从而实现良好的车辆性能。可以从车辆底板通达高压蓄电池单元的所有接口。

（4）常见故障与处理

三级故障：表明动力电池性能下降，电池管理系统降低最大允许充/放电电流。

二级故障：表明动力电池在此状态下功能已经丧失，请求其他控制器停止充电或者放电；其他控制器应在一定的延时时间内响应动力电池停止充电或放电请求。

一级故障：表明动力电池在此状态下功能已经丧失，请求其他控制器立即（1s 内）停止充电或放电。如果其他控制器在指定时间内未做出响应，电池管理系统将在 2s 后主动停止充电或放电（即断开高压继电器）。

动力电池常见故障与处理见表 6-1-1。

表 6-1-1　动力电池常见故障与处理

序号	故障描述	解决办法（按照序号进行操作）
1	SOC 异常：如无显示，数值明显不符合逻辑	（1）停车或者关闭车钥匙后重新启动 （2）检查仪表显示其他故障报警有无点亮，并做好现象记录 （3）联系专业售后人员进行复查，维修人员确认无误后正常使用
2	续航里程低于经验值	联系维护人员，检查充放电过程，容量是否衰减，BMS 控制是否正常
3	电池过热报警/保护	（1）10s 内减速，停车观察 （2）检查报警是否消除，检查是否有其他故障，并做好记录 （3）若报警或保护消除，可以继续驾驶，否则应联系售后人员 （4）运行中若连续 3 次以上出现停车，减速故障消除时，联系售后人员
4	SOC 过低报警/保护	（1）SOC 低于 30% 报警出现时减速行驶，寻找最近的充电站进行充电 （2）停车休息 3～5min 后行驶，检查故障是否能自动消除 （3）若故障不能自行消除，且仍未驶达充电站的，联系售后人员解决
5	电压/电流明显异常	（1）关闭车钥匙，迅速下车并保持适当距离 （2）联系专业技术人员处理
6	钥匙置于 ON/START 后不工作	（1）检查并维护低压电源 （2）若置于 ON 后能工作，则检查仪表盘上故障显示，并记录 （3）若置于 START 后仍不能工作，则联系专业人员

续表

序号	故障描述	解决办法（按照序号进行操作）
7	不能充电	（1）检查 SOC 当前数值 （2）检查充电线缆是否按照正确方法连接 （3）若由环境温度超出使用范围引起，则终止使用 （4）联系维修人员
8	运行时高压短时间丢失	检查系统屏蔽层是否有效，检查继电器是否能正常动作，检查主回路是否接触良好
9	电池外箱磨损破坏	联系专业人员维护

6.1.2 纯电动汽车单体电池

（1）外观、结构和位置（图6-1-2）

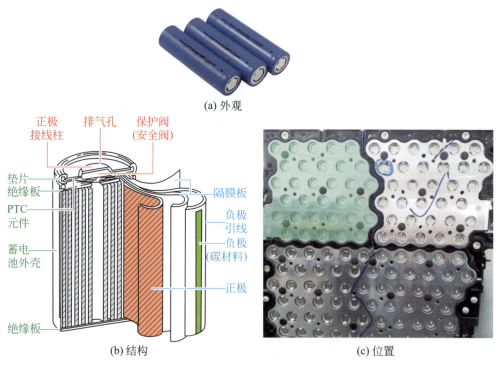

图 6-1-2 纯电动汽车单体电池

（2）组成

每一个电池单体都由 32 节电芯并联组成（图 6-1-2 中用绿色所示），同一模组的单体与单体之间通过集流板连接，模组与模组之间通过软连接将正负极串联，软连接是通过 3mm 的螺栓进行紧固的，并涂上导电膏。

（3）快速识别方法与技巧

单体电池在动力总成内部。

（4）常见故障与处理

电池单体采集电压故障一般有电池单体动态压差过大故障、电池单体静态压差过大故障和单体电压采集线松动故障。一般如果是电芯本身问题，需要将车辆充满电，确认问题电芯所在。若为电压跳变或现场监控无法判断问题，需读取历史故障数据，确定问题点后再拆解动力电池排除问题。

6.1.3 纯电动汽车电池模组

（1）外观、结构和位置（图6-1-3）

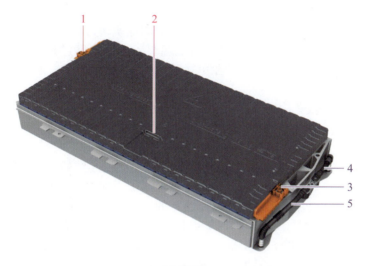

(a) 外观

1—电池单元模块的正极接口；2—连至电池监控电子设备的插接接口；3—电池单元模块的负极接口；
4—冷却液回流管路接口；5—冷却液进流管路接口

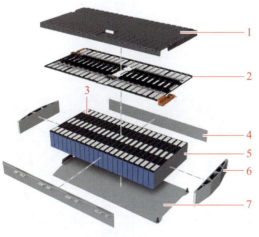

(b) 结构

1—单格电池触点系统饰盖；2—单格电池触点系统；
3—锂离子单格电池；4—拉杆板；5—绝缘膜；
6—压盘；7—电池单元模块热交换器

(c) 位置

1~10—电池单元模块

图6-1-3 纯电动汽车电池模组

（2）工作原理与作用

电池模组是将多个单格电池组合成一个单元。高压组件电池模组的组成部分还包括单格电池触点系统、单格电池触点系统的饰盖、连接元件以及电池单元模块热交换器。

在此过程中，单格电池触点系统形成了单格电池之间的连接，并且连至单格电池监控模块的接口。对于高压蓄电池，热交换器同样也集成在电池模组中。在这里，电池模组热交换器始终水平地安装在电池模组的底板上。

（3）快速识别方法与技巧

电池模组在动力总成内部。

（4）常见故障与处理

电池模组不允许进行拆解。如果损坏，必须整体更换动力电池。

❶ 温度类。如电车上不了挡，可能是仪表盘显示电池温度过高等。此时首先应排除汽车管理器、线束等问题，如果这些部件在更换后，温度问题仍存在，则一般可判断为电池故障问题。

❷ 漏电问题。此时汽车内一般提示动力系统检查等，在将电池与车身所有连接断开后，对总开关进行维修，或用万用表测电池各项参数，根据这些参数数据来判断电池具体是哪里出了问题。

❸ 电池不均衡故障。这种故障可能是因为没接均流线导致的。此时可将均流线与通信线之间断开，加载模块并对其进行均流口上的信号测量，如数据符合规范则可重新使用。需要注意的是，控制模块与合闸之间是不可以均流的。

❹ 充电模块通信中断。使用模组充放电模块时，充电模块的地址如果出现设置错误，就可能导致这一模块通信中断，如果设置了重复的地址，也可能出现这样的现象，此时可以对地址进行重新设置。另外，如果出现接触不良或充电模块重载时，也可能导致中断，此时可增加通信适配器来对这一问题进行解决。

6.1.4 纯电动汽车排气单元

（1）外观、结构和位置（图6-1-4）

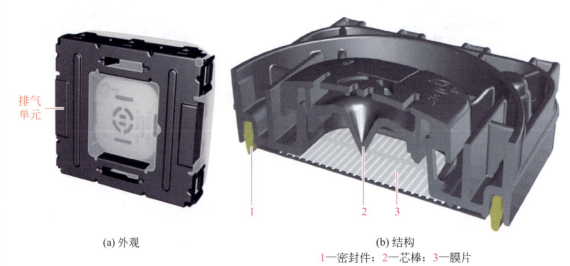

(a) 外观

(b) 结构
1—密封件；2—芯棒；3—膜片

(c) 位置

图 6-1-4　纯电动汽车排气单元

（2）功能与作用

排气单元有两个功能。

第一个功能是在高压蓄电池单元的内部和外部平衡压力差。在单格电池损坏的情况下，会产生较大的压力差。在这种情况下，单格电池会首先在高压蓄电池单元内部从标准断裂位置开始排气。接下来，在此过程中产生的气体必须通过排气单元排放至车外。在这里，在 $-40 \sim 80$ ℃的温度范围内，排气单元的触发压力介于 $0.2 \sim 0.5$ bar 之间（$1bar=10^5Pa$）。

第二个功能是将高压蓄电池单元内部产生的冷凝水朝外排放。在高压蓄电池单元内部，除了技术组件以外，同样也存在空气。

如果空气或者外壳由于环境温度较低或者由于激活了冷却功能而被冷却，则在高压蓄电池中，一部分水蒸气会从空气中冷凝。这样一来，在高压蓄电池单元内部就会形成少量的液态水，这些水一开始并不会造成任何功能影响。

在下一次空气或者外壳受热时，水会再次蒸发，同时外壳内的压力会略微升高。通过让受热的空气朝外逃逸，排气单元就可以实现压力平衡。在此过程中，空气中所含的水蒸气会被一起排放到外部，而之前的液态冷凝水也会通过这种方式实现排放。

为了实现这一功能，排气单元有一个气体（和水蒸气）可以透过但液体不能透过的膜片。在膜片上方，有一根芯棒，它在高压蓄电池单元过压的情况下会破坏膜片。这一点非常重要，以便能够排放高压蓄电池中的过压，继而避免更大的损失。为了阻止粗大的污垢，在其上方有一个由两部分组成的饰盖。

高压蓄电池总共有 4 个排气单元，其安装位置位于后部区域中的壳体盖上（图 6-1-5）。

（3）快速识别方法与技巧

排气单元安装在动力电池外壳上。

（4）常见故障与处理

排气单元不工作，更换排气单元即可。

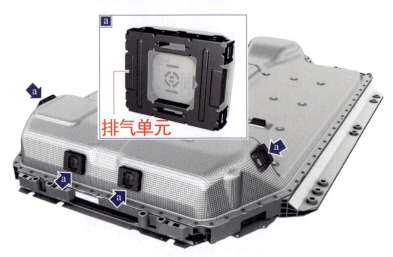

图 6-1-5 高压蓄电池的排气单元

6.1.5 纯电动汽车加热系统

（1）外观、结构和位置（图6-1-6）

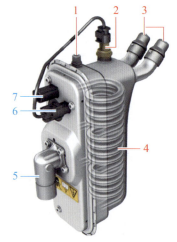

(a) 外观和结构
1—电位补偿导线接口；2—冷却液温度传感器；
3—冷却液管路接口；4—加热线圈(3个)；
5—高压电接口；6—冷却液温度传
感器接口；7—低压电接口

(b) 位置
A—用于高压蓄电池单元的电加热装置；
B—用于车内空间的电子暖风装置

图 6-1-6 纯电动汽车加热系统

（2）工作原理与作用

电子暖风装置是独立的部件，采用的是电控辅助加热器的工作原理。通过3根加热螺旋体实现电加热功能，它们具有相同的功率，并且以相错位的方式通过脉冲宽度调制 PWM 实现时序控制。通过相错位的脉冲宽度调制，使得加热功率可以在 550W（相当于10%）和最高 5.5kW（相当于100%）之间进行无级调节。

在电子暖风装置内部，加热螺旋体的开关（单独或者共同）通过电子开关进行调节，测量各条线路上的电流，并且通过"电子暖风装置"控制单元实现控制。在 250～400V 的电压范围内，最大电流可达 20A。

通过两个电动加热装置的 LIN 总线连接发出加热请求。暖风和空调系统的控制单元与车辆内部空间的电动加热装置进行通信，而高压电蓄电池单元的电动加热装置则与联合充电单元相连。电动加热装置出口处的电流消耗以及冷却液温度通过 LIN 总线传输。

电动加热装置共用一个联合充电单元高压电接口。它随着高压电导线分线，分别为两个电动加热装置单独供电。

在电动加热装置内，高压电车载网络与低压电车载网络之间实现了电气分离。

低压电插头上有 LIN 总线和供电（总线端 30B 和总线端 31）接口。

运行状态"加热接通"时的冷却液流转如图 6-1-7 所示。

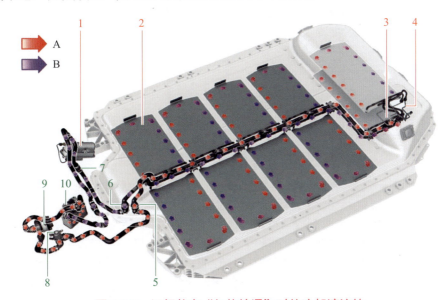

图 6-1-7　运行状态"加热接通"时的冷却液流转

1—高压蓄电池的电加热装置；2—电池单元模块热交换器；3—进流中的冷却液温度传感器；4—SME 冷却液管路；5—冷却液进流管路接口；6—冷却液回流管路接口；7，8—单向阀；9—高压蓄电池的电动冷却液泵；10—冷却液/制冷剂热交换器；A—加热后的冷却液的入口；B—热量排放后的冷却液回流

车辆处于行驶状态并且处于舒适模式下。接下来，对于-5℃的单格电池目标温度，实际初始温度必须为-10℃或者更低，以便开始加热过程（图 6-1-8）。

(3) 快速识别方法与技巧

电加热装置安装在前机舱内，沿着冷却液水管即可找到。

(4) 故障处理

进行故障查询时维修人员必须检查是否存在以下故障：

❶ 因泄漏等情况造成冷却液损耗；

❷ 冷却液空气热交换器堵塞；

❸ 冷却液泵不运行；

❹ 冷却液管路或接口损坏；

❺ 待冷却的组件损坏。

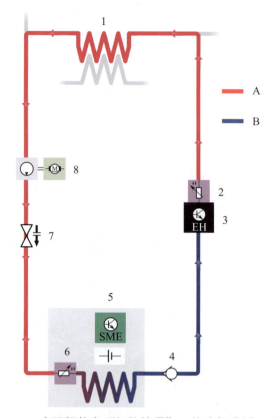

图 6-1-8　在运行状态"加热接通"下的冷却液循环回路

1—冷却液/制冷剂热交换器；2—电加热装置上的温度传感器；3—高压蓄电池单元的电加热装置（高压组件）；4—单向阀；5—高压蓄电池 SE16；6—冷却液进流管路中的温度传感器；7—由 SME 促动的单向阀（断电时关闭）；8—高压蓄电池冷却液循环回路中的电动冷却液泵（80W）；A—由高压蓄电池电加热装置加热的冷却液；B—热量输出至高压蓄电池后的冷却液回流

6.1.6　纯电动汽车冷却系统

（1）外观、结构和位置（图6-1-9）

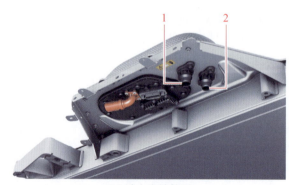

(a) 动力电池接口

1—冷却液回流；2—冷却液进流

第6章 动力电池及电池管理系统零部件

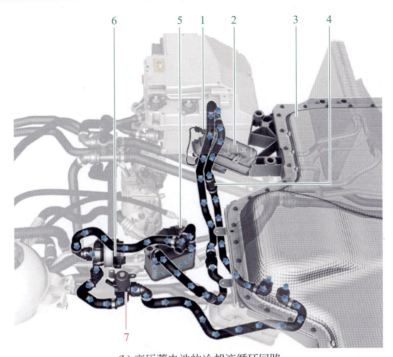

(b) 高压蓄电池的冷却液循环回路

1—电子暖风装置上的冷却液温度传感器；2—电加热装置(高压蓄电池单元)；3—高压电蓄电池；4—单向阀；5—冷却液制冷剂热交换器；6—冷却液泵2(80W)；7—冷却液截止阀

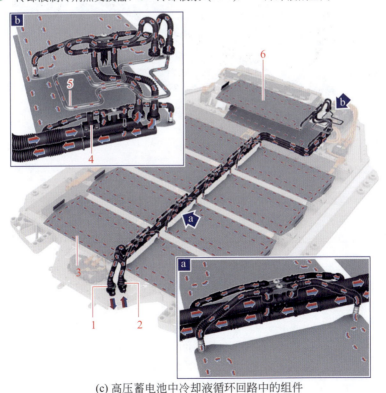

(c) 高压蓄电池中冷却液循环回路中的组件

1—冷却液回流管路接口；2—冷却液进流管路接口；3—电池单元模块1的电池单元模块热交换器；4—冷却液进流管路中的温度传感器；5—SME 的冷却液管路；6—电池单元模块6的电池单元模块热交换器

图 6-1-9　纯电动汽车冷却系统

（2）工作原理与作用

为了最大化高压蓄电池的使用寿命和效率，并且获得最大可能的功率，会在一个定义的温度范围内使其运行。高压蓄电池单元原则上在 -40～55℃的温度范围内处于运行就绪状态（实际单格电池温度）。在温度特性方面，高压蓄电池从外部而言是一个相对迟钝的系统，也就是说，单格电池和环境温度匹配需要花费数小时时间。在极端高温或者低温环境中短暂停留并不意味着单格电池会有这样的温度。

正如充电或者行驶时那样（充电过程、电动行驶和制动能量回收），通过连续的功率输出和功率吸收，单格电池的温度会升高。如果温度在高压蓄电池内部由于能量输出和能量吸收所产生的负荷而升高，则在达到一定阈值的情况下，SME 会发出冷却接通请求。接下来，自动空调会决定是要冷却车内空间，还是高压蓄电池单元，或者冷却它们两者。如果 SME 发出的冷却请求的优先级较低，而车内空间的冷却需求则较高，则自动空调会拒绝 SME 的冷却请求，继而拒绝高压蓄电池的冷却请求。如果 SME 发出的冷却请求的优先级较高，则会始终优先对高压蓄电池单元进行冷却（图 6-1-10）。

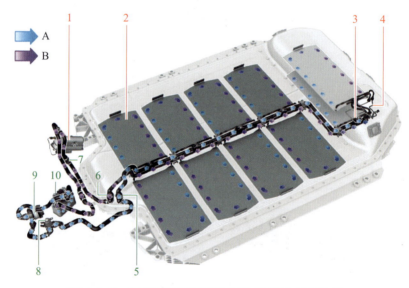

图 6-1-10 运行状态"冷却接通"时的冷却液流转

1—高压蓄电池的电加热装置；2—电池单元模块热交换器；3—进流中的冷却液温度传感器；4—SME 冷却液管路；5—冷却液进流管路接口；6—冷却液回流管路接口；7，8—单向阀；9—高压蓄电池的电动冷却液泵；10—冷却液/制冷剂热交换器；A—低温冷却液进流；B—加热后的冷却液回流

随着低温冷却液流入电池单元模块热交换器，会吸收单格电池排放的热量，并且继续输送至冷却液/制冷剂热交换器。在那里，加热后的冷却液会重新通过制冷剂冷却下来（图 6-1-11）。

电池单元模块热交换器不仅用于冷却，而且用于电池单元模块的加热。因此，在图 6-1-8 中为了说明流动方向，使用了蓝色和红色。为了让电池单元模块热交换器满足功能，为它们配套了一种导热膏，并且将它们固定集成在电池单元模块底板中。

（3）快速识别方法与技巧

电加热装置安装在前机舱内，沿着冷却液水管即可找到。

第 6 章 动力电池及电池管理系统零部件

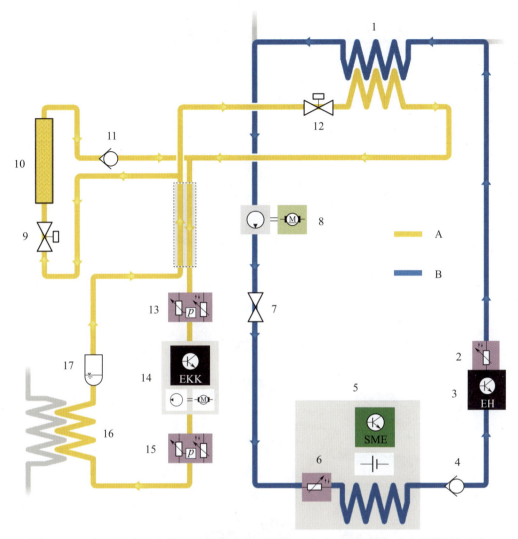

图 6-1-11 高压蓄电池中的制冷剂和冷却液循环回路（在运行状态"冷却接通"下）

1—冷却液/制冷剂热交换器；2—高压蓄电池电加热装置的温度传感器；3—用于高压蓄电池的电加热装置；4、11—单向阀；5—高压蓄电池；6—冷却液进流管路中的温度传感器；7—由 SME 促动的单向阀（断电时关闭）；8—高压蓄电池冷却液循环回路中的电动冷却液泵（80W）；9—车内空间蒸发器可以截止的膨胀阀；10—车内空间蒸发器；12—冷却液/制冷剂热交换器可以截止的膨胀阀；13—低压侧制冷剂压力温度传感器；14—电动空调压缩机；15—高压侧制冷剂压力温度传感器；16—冷却液冷却的空调冷凝器；17—干燥瓶；A—制冷剂循环回路；B—高压蓄电池的冷却液循环回路

（4）故障处理

进行故障查询时维修人员必须检查是否存在以下故障：

❶ 因泄漏等情况造成冷却液损耗；
❷ 冷却液空气热交换器堵塞；
❸ 冷却液泵不运行；
❹ 冷却液管路或接口损坏；
❺ 待冷却的组件损坏。

95

6.2 混合动力汽车动力电池系统

6.2.1 混合动力汽车动力电池

（1）外观、结构和位置（图6-2-1）

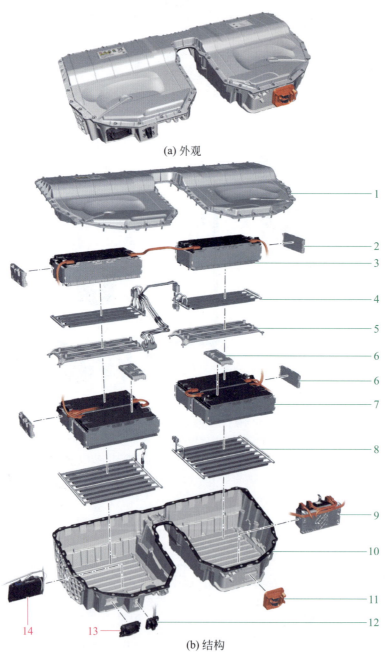

(a) 外观

(b) 结构

1—壳体上部件；2—上部电池监控电子装置；3—上部电池模块；4—上部热交换器；5—模块隔板；6—下部电池监控电子装置；7—下部电池模块；8—下部热交换器；9—安全盒；10—壳体下部件；11—高电压接口；12—信号插头；13—排气单元；14—蓄能器管理电子装置

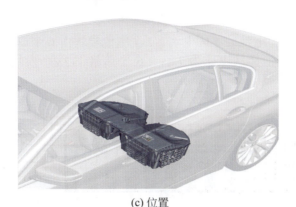

(c) 位置

图 6-2-1　混合动力汽车动力电池

（2）作用

在带有电动驱动装置的车辆上，高压蓄电池相当于内燃机驱动车辆的燃油箱。为使车辆达到预期可达里程，应对需要存储的能量进行相应计算。

高压蓄电池单元除高压接口外，还有一个 12V 车载网络接口。通过该接口为集成在高压蓄电池单元内的控制单元提供电压信号、总线信号、传感器信号和监控信号。为对高压蓄电池进行冷却，在此将其接入制冷剂循环回路内。

（3）快速识别方法与技巧

高压蓄电池单元安装在后桥前方中间位置。这样带来的优点是降低了车辆的重心，从而改善了行驶特性。所有接口均可从车辆底部接触到。

（4）常见故障与处理

混合动力汽车动力电池常见故障与处理方法和纯电动汽车相同，参见 6.1.1 小节，此处不再赘述。

6.2.2　混合动力汽车单体电池

（1）外观、结构和位置（图6-2-2）

(a) 外观和结构

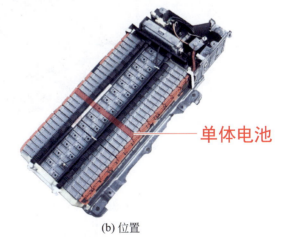

(b) 位置

图 6-2-2　混合动力汽车单体电池

（2）作用

丰田混合动力车辆动力电池的单体电池，1个电池模块由6个单格电池组成。1个单格电池电压为1.2V，一个电池模块电压为7.2V。6个单格×28个模块=168个单格×1.2V=直流电压201.6 V。

动力电池总成如图6-2-3所示。

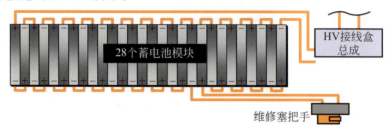

图6-2-3　动力电池总成

（3）快速识别方法与技巧

单体电池安装在动力电池总成内。

（4）常见故障与处理

电池单体采集电压故障一般有电池单体动态压差过大故障、电池单体静态压差过大故障，主要反映在电池模块的电压上；还有单体电压采集线松动故障。

6.2.3　混合动力汽车电池模组

（1）外观、结构和位置（图6-2-4）

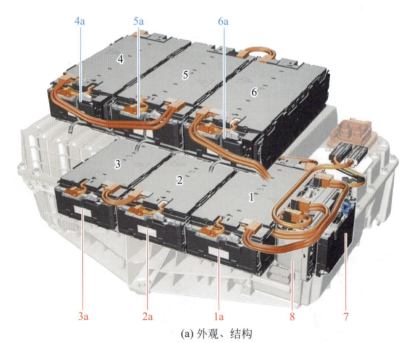

(a) 外观、结构

1—电池模块1；1a—电池监控电子装置1a；2—电池模块2；2a—电池监控电子装置2a；3—电池模块3；3a—电池监控电子装置3a；4—电池模块4；4a—电池监控电子装置4a；5—电池模块5；5a—电池监控电子装置5a；6—电池模块6；6a—电池监控电子装置6a；7—蓄能器管理电子装置SME；8—安全盒(S盒)

第 6 章 动力电池及电池管理系统零部件

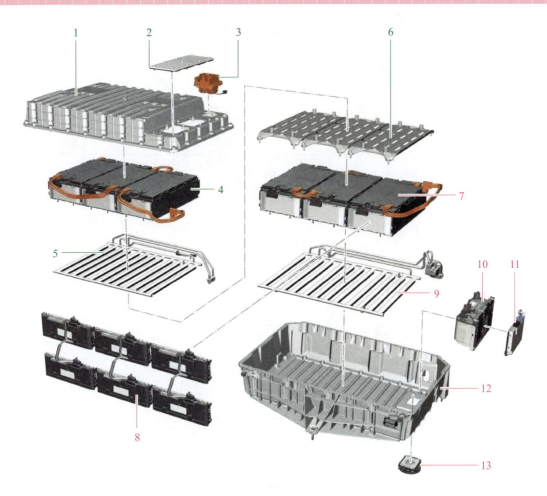

(b) 位置

1—上部壳体；2—高电压蓄电池单元上的维修盖；3—高电压插头；4—上部电池模块；5—热交换器上部件；6—用于上部电池模块的支撑框架；7—下部电池模块；8—电池监控电子装置；9—热交换器下部件；10—安全盒（S盒）；11—蓄能器管理电子装置SME；12—下部壳体；13—排气单元

图 6-2-4　混合动力汽车电池模组

（2）作用

电池模组的作用主要是保证电池组工作在安全区间内，提供车辆控制所必需的信息，在出现异常时及时响应处理，并根据环境温度、电池状态及车辆需求等确定电池的充放电功率等。

（3）快速识别方法与技巧

高压蓄电池单元由 6 个串联连接的电池模块构成。电池模块位于高压蓄电池单元内。每个电池的额定电压为 3.7 V，额定电容量为 26A·h。

（4）常见故障与处理

混合动力汽车电池模组常见故障与处理方法和纯电动汽车相同。参见 6.1.3 小节，此处不再赘述。

6.2.4 混合动力汽车冷却系统

（1）外观、结构和位置（图6-2-5）

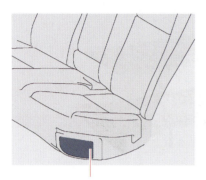

进气口(后排右侧座椅靠背总成)

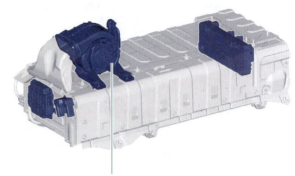

动力电池鼓风机

(a) 外观

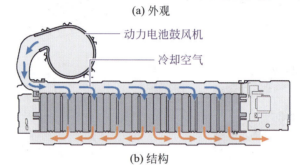

(b) 结构

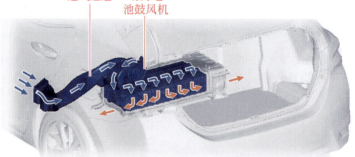

(c) 位置

图 6-2-5　混合动力汽车冷却系统

（2）作用

在重复的充放电过程中，动力电池会产生热量，为了保证动力电池良好的工作性能，专门为动力电池提供了一套冷却系统。

（3）快速识别方法与技巧

进气口在车辆后排右侧座椅上；动力电池鼓风机安装在动力电池上。

（4）常见故障与处理

❶ 散热不良导致动力电池温度过高，检查进气口滤清器（图6-2-6）是否堵塞，清洁或更换即可。

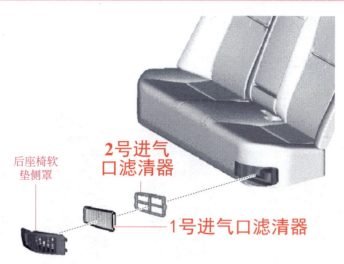

图 6-2-6 进气口滤清器

❷ 检查动力电池鼓风机是否堵塞，清除堵塞即可。

6.2.5 混合动力汽车温度传感器

（1）外观和位置（图6-2-7）

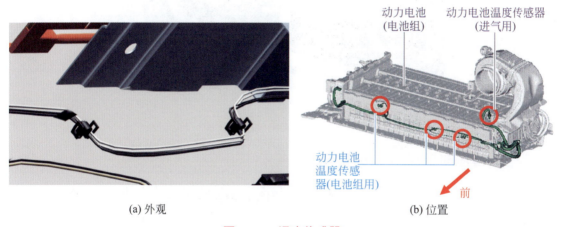

(a) 外观　　　　　　　　　　　　(b) 位置

图 6-2-7 温度传感器

（2）作用

温度传感器信号用于控制和监控冷却功能，该信号直接由 SME 控制单元读取。

（3）快速识别方法与技巧

动力电池温度传感器安装在电池模块上。

（4）常见故障与处理

动力电池温度传感器出现故障时，会出现动力电池温度过高的现象，仪表会显示动力系统故障；诊断仪能读取到相关的故障信息；因高压电组件不允许分解，出现故障时需向厂家申请技术支持。

6.2.6 动力电池维修开关

（1）外观、结构和位置（图6-2-8）

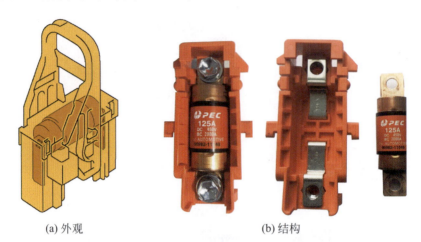

(a) 外观　　　　　　　　　(b) 结构

(c) 位置

图 6-2-8　动力电池维修开关

（2）维修开关的连接（图6-2-9）

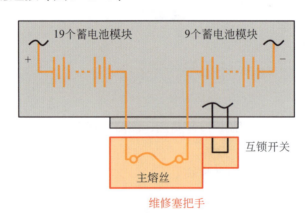

图 6-2-9　维修开关的连接

扫一扫

视频精讲

动力电池维修开关的作用、快速识别方法与技巧、常见故障与排除方法等与充电系统维修开关相同，参见 5.2.8 小节，此处不再赘述。

6.3 电池管理系统

（1）外观、结构和位置（图6-3-1）

(a) 外观

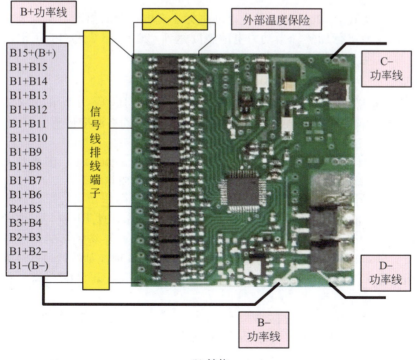

(b) 结构

图 6-3-1

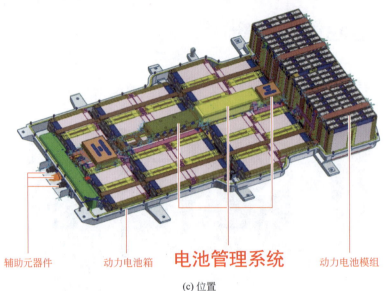

辅助元器件　　　动力电池箱　　电池管理系统　　　动力电池模组

(c) 位置

图 6-3-1　电池管理系统

（2）作用

电池管理系统能够对动力电池组总电压、总电流、每个测点温度和电池单体的电压参数进行实时监控，并进行故障诊断、SOC（剩余电量比）计算、短路保护、漏电监测、报警显示、充放电模式选择等。BMS 可以将动力电池相关参数上报 VCU，由 VCU 控制动力电池的充电和放电功率。

当动力电池温度低于 -20℃时，动力电池则无法充电。此时需通过交流充电的方法使空调工作并对动力电池进行加热。当动力电池温度达到 -20～55℃之间的正常工作温度时，系统切换到正常交流充电流程。

（3）功能

❶ 电池参数检测。包括总电压、总电流、单体电池电压检测（防止出现过充、过放甚至反极现象）、温度检测（尽量每串电池、关键电缆接头等均有温度传感器）、烟雾探测（监测电解液泄漏）、绝缘检测（监测漏电）、碰撞检测等。

❷ 电池状态估计。包括荷电状态（SOC）或放电深度（DOD）、健康状态（SOH）、功能状态（SOF）、能量状态（SOE）、故障及安全状态（SOS）等。

❸ 在线故障诊断。包括故障检测、故障类型判断、故障定位、故障信息输出等。故障检测是指通过采集到的传感器信号，采用诊断算法诊断故障类型，并进行早期预警。

❹ 电池故障是指电池组、高压电回路、热管理等各个子系统的传感器故障、执行器故障（如接触器、风扇、泵、加热器等），以及网络故障、各种控制器软硬件故障等。电池组本身故障是指过压（过充）、欠压（过放）、过电流、超高温、内短路故障、接头松动、电解液泄漏、绝缘降低等。

❺ 电池安全控制与报警。包括热系统控制、高压电安全控制。BMS 诊断到故障后，通过网络通知整车控制器，并要求整车控制器进行有效处理（超过一定阈值时 BMS 也可以切断主回路电源），以防止高温、低温、过充、过放、过流、漏电等对电池和人身的损害。

❻ 充电控制。BMS 中具有一个充电管理模块，它能够根据电池的特性、温度高低以及

充电机的功率等级，控制充电机给电池进行安全充电。

❼ 电池均衡。不一致性的存在使得电池组的容量小于组中小单体的容量。电池均衡是指根据单体电池信息，采用主动或被动、耗散或非耗散等均衡方式，尽可能使电池组容量接近于小单体的容量。

❽ 热管理。根据电池组内温度分布信息及充放电需求，决定主动加热/散热的强度，使得电池尽可能工作在更适合的温度，充分发挥电池的性能。

❾ 网络通信。BMS 需要与整车控制器等网络节点通信；同时，BMS 在车辆上拆卸不方便，需要在不拆壳的情况下进行在线标定、监控、升级维护等，一般的车载网络均采用 CAN。

❿ 信息存储。用于存储关键数据，如 SOC、SOH、SOF、SOE、累积充放电安时数、故障码和一致性等。

⓫ 电磁兼容。由于使用环境恶劣，要求 BMS 具有好的抗电磁干扰能力，同时要求 BMS 对外辐射小。

（4）组成

蓄电池管理系统主要由检测模块、均衡电源模块和控制模块三部分组成（图 6-3-2）。

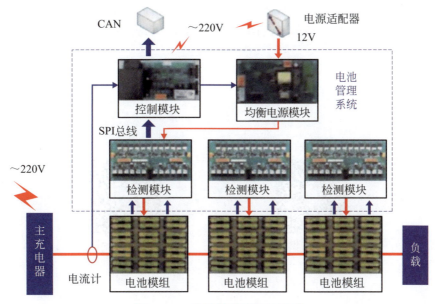

图 6-3-2　电池管理系统的组成

（5）工作模式

电池管理系统的工作模式主要有下电模式、待机模式、放电模式、充电模式、故障模式等。

❶ 下电模式。下电模式是整个系统的低压与高压部分处于不工作状态的模式。在下电模式下，BMS 控制的所有高压接触器均处于断开状态；低压控制电源处于不供电的状态。下电模式属于省电模式。

❷ 待机模式。BMS 在此模式下不处理任何数据，能耗极低，能快速启动。在准备模式下，系统所有的接触器均处于未吸合状态。在该模式下，系统可接受外界的点火锁、整车控制器、电机控制器、充电插头开关等部件发出的硬线信号或受 CAN 报文控制的低压信号来驱动各

高压接触器，从而使BMS进入所需工作模式。

❸ 放电模式。BMS在待机模式下检测放电唤醒信号后，接收整车控制器发来的动力蓄电池运行状态指令和接触器的动作指令，并执行相关指令，完成BMS上电及预充电流程，进入放电模式。

❹ 充电模式。当BMS检测充电唤醒信号时，系统即进入充电模式。在该模式下主正、主负继电器闭合，同时为保证低压控制电源持续供电，DC/DC转换器需处于工作状态。

❺ 故障模式。BMS在任何模式下检测到故障，均进入故障模式，同时上报整车控制器故障状态和相关故障码。故障模式是控制系统中常出现的一种状态。由于纯电动汽车动力蓄电池的使用关系到用户的人身安全，因而系统对于各种相应模式总是采取安全第一的原则。BMS对于故障的响应还需根据故障等级而定，当其故障级别较低时，系统可采取报错或发出轻微报警信号的方式告知驾驶人；而当故障级别较高，甚至伴随有危险时，系统采取直接断开高压接触器的控制策略。

（6）快速识别方法与技巧

电池管理系统安装在动力电池部。

（7）常见故障与处理

电池管理系统出现故障时，一般为通信类的故障。诊断仪能读取到相关的故障信息；因高压电组件不允许分解，出现故障时需向厂家申请技术支持。

扫一扫

视频精讲

扫一扫

视频精讲

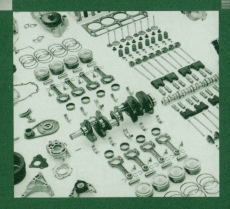

第 7 章 减速器/混合驱动桥系统零部件

7.1 纯电动汽车减速器系统

7.1.1 减速器

（1）外观、结构和位置（图7-1-1）

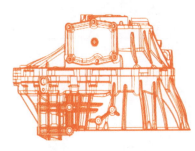

(a) 外观

图 7-1-1

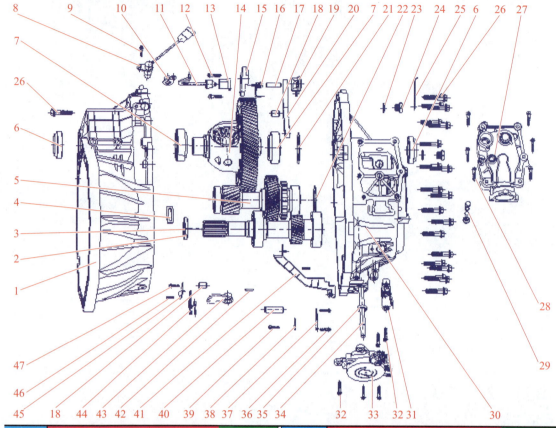

编号	名称	数量/个	编号	名称	数量/个
1	前箱体	1	25	线夹	1
2	主轴油封	1	26	六角法兰面螺栓 M10×45	21
3	主轴组件	1	27	换挡壁盖	1
4	磁铁	1	28	六角法兰面螺栓 M8×30	6
5	副轴组件	1	29	通气管组件	1
6	差速器油封	2	30	后箱体	1
7	圆锥滚子轴承 33109	2	31	P挡电机支架	1
8	速度传感器	1	32	六角法兰面螺栓 M8×30	5
9	六角法兰面螺栓 M6×16	1	33	P挡电机	1
10	推杆转轴连接件	1	34	P挡传动轴	1
11	推杆组件	1	35	P挡电机油封	1
12	六角法兰面螺栓 M8×30	2	36	六角法兰面螺栓 M6×16	2
13	导向套	1	37	挡油板	1
14	差速器组件	1	38	卡爪轴压板	1
15	导向套固定板	1	39	六角法兰面螺栓 M6×16	1
16	扭簧	1	40	排油槽板	1
17	圆柱销 $\phi 10 \times 38$	1	41	卡爪轴	1
18	定位销 $\phi 14$	2	42	弹性圆柱销 $\phi 3$	1
19	P挡支座	1	43	定位板	1
20	卡爪	1	44	定位板簧组件	1
21	差速器调整垫片	1	45	压簧	1
22	副轴调整垫片	1	46	弹性圆柱销 $\phi 4$	2
23	放、注油塞	2	47	六角法兰面螺栓 M6×16	1
24	放、注油塞垫片	2			

(b) 结构

第 7 章 减速器/混合驱动桥系统零部件

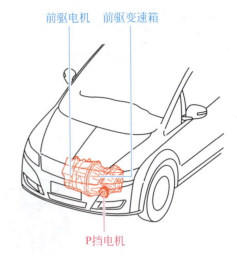

(c) 位置

图 7-1-1 减速器

（2）工作原理与作用

电动机的速度-转矩特性非常适合汽车驱动的需求，在纯电动模式下，汽车的驱动系统不再需要多挡位的变速器，驱动系统结构得以大幅简化。

减速器介于驱动电机和驱动半轴之间，驱动电机的动力输出轴通过花键直接与减速器输入轴齿轮连接。一方面减速器将驱动电机的动力传给驱动半轴，起到降低转速、增大扭矩的作用；另一方面满足汽车转弯及在不平路面上行驶时，左右驱动轮以不同的转速旋转，保证车辆的平稳运行。

动力传递如图 7-1-2 所示。

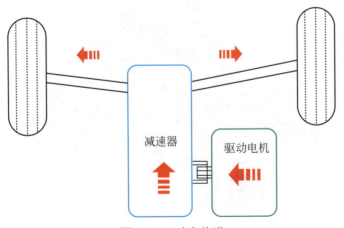

图 7-1-2 动力传递

（3）快速识别方法与技巧

减速器安装在前机舱内，与驱动电机连接。

（4）常见故障与处理

减速器常见故障有漏油、异响。若减速器漏油，则更换油封或重新密封接触面。若减速器异响，是由减速器内的轴承导致，更换相关轴承即可。

7.1.2 输入轴

（1）外观、结构和位置（图7-1-3）

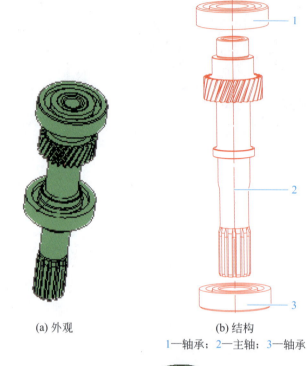

(a) 外观　　　　　　　(b) 结构

1—轴承；2—主轴；3—轴承

(c) 位置

图 7-1-3　输入轴

（2）作用

将电机输出的动力传递给减速器副轴。

（3）快速识别方法与技巧

输入轴安装在减速器内，与驱动电机连接。

(4)常见故障与处理

输入轴常见故障为异响,多为轴承异响,更换即可。

7.1.3 输出轴

(1)外观、结构和位置(图7-1-4)

(a) 外观

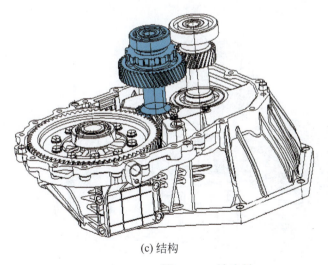

1—圆锥滚子轴承;2—副轴定距环;3—P挡棘轮;4—副轴齿轮;
5—副轴定距环钢球;6—副轴;7—圆锥滚子轴承

(c) 结构

图 7-1-4　输出轴

(2)作用

将输入轴传递过来的动力,再次传递给差速器。

(3)快速识别方法与技巧

输出轴安装在减速器内,与差速器和输入轴连接。

（4）常见故障与处理

输出轴常见故障为异响，多为轴承异响，更换即可。

7.1.4 差速器

（1）外观、结构和位置（图7-1-5）

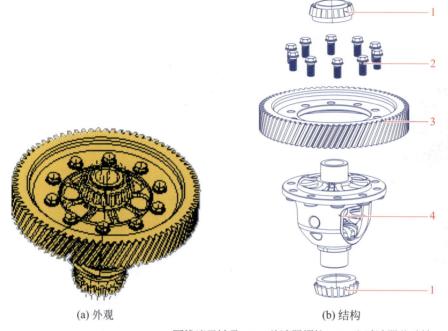

(a) 外观　　　　　　　　　　(b) 结构

1—圆锥滚子轴承；2—差速器螺栓；3—主减速器从动轮；4—差速器箱体部分

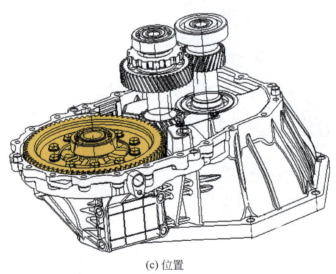

(c) 位置

图 7-1-5　差速器

（2）作用

❶ 用来在两个输出轴之间分配转矩。

❷ 保证两个输出轴以不同的角速度转动。
❸ 用来保证各驱动轮在各种运动条件下的动力传递。
❹ 避免轮胎与地面打滑。

（3）快速识别方法与技巧
差速器安装在减速器内，与输出轴连接。

（4）常见故障与处理
差速器常见故障为异响，多为轴承异响，更换即可。

7.1.5 电子驻车锁

（1）外观、结构和位置（图7-1-6）

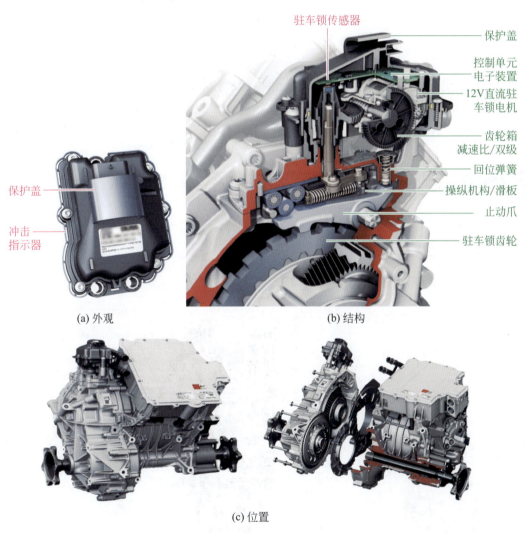

(a) 外观　　(b) 结构　　(c) 位置

图 7-1-6　电子驻车锁

（2）作用
使用电机以电动机械方式来让止动爪接合。有一个双级齿轮箱负责产生所需要的传动比并可以自锁。用于操纵止动爪的机构也是可以自锁的。驻车锁上锁如图 7-1-7 所示。

图 7-1-7　驻车锁上锁

（3）快速识别方法与技巧

该驻车锁集成在前桥驱动/齿轮箱内，由电动的驻车锁执行器来操纵。

（4）常见故障与处理

驻车锁不工作，如果线束正常，则更换驻车锁总成。

7.2　混合动力汽车驱动桥系统

7.2.1　混合驱动桥

（1）外观、结构和位置（图 7-2-1）

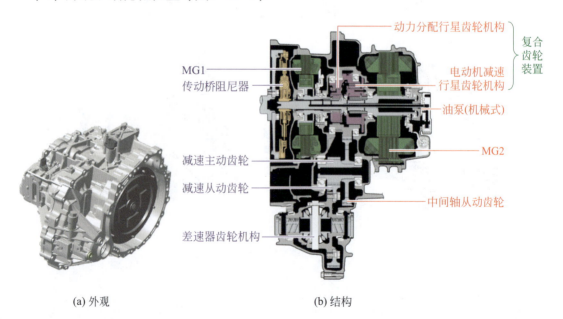

(a) 外观　　　　　　　　　　　　(b) 结构

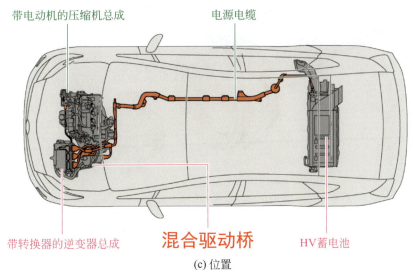

(c)位置

图 7-2-1 混合驱动桥

(2)工作原理与作用

此传动桥包括电动机 MG2（用于驱动车辆）和发电机 MG1（用于发电），采用带复合齿轮机构的无级变速器装置，可实现平稳、静谧性操作。

混合动力车辆传动桥总成主要由发电机 MG1、电动机 MG2、动力分配行星齿轮机构、中间轴齿轮、减速齿轮、差速器齿轮机构和油泵组成。

通过利用发电机 MG1 和电动机 MG2 多轴配置，缩短了传动桥的整体长度。采用了由动力分配行星齿轮、中间轴主动齿轮和驻车锁定齿轮的齿圈组成的复合齿轮，大大缩小了尺寸并减轻了重量。通过使用高精度加工轮齿表面、低损耗轴承和甩油式润滑机构，降低了驱动损失，从而有助于改善燃油经济性并减少噪声。

采用差速器预转矩机构，确保车辆在正常行驶下的低负载和低差速器转速时的直线稳定性和加速性能。

(3)快速识别方法与技巧

混合驱动桥安装在前机舱左侧，与传统汽车变速箱位置一样。

(4)常见故障与处理

混合驱动桥常见故障有漏油、异响。若混合驱动桥漏油，则更换油封或重新密封接触面。若混合驱动桥异响，是由混合驱动桥内的轴承导致，更换相关轴承即可。

7.2.2 齿轮组

(1)外观、结构和位置（图7-2-2）

(2)工作原理与作用

复合齿轮机构包含动力分配行星齿轮机构。各行星齿圈与复合齿轮集成一体。另外，此复合齿轮还集成了中间轴主动齿轮和驻车锁定齿轮。

动力分配行星齿轮机构可将发动机原动力分配为两个通道：一个通道提供原动力以驱动车轮；另一个则提供动力驱动发电机 MG1，由此发电机 MG1 可作为发电机使用。

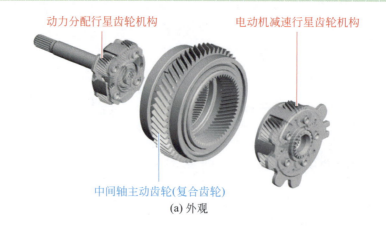

(a) 外观

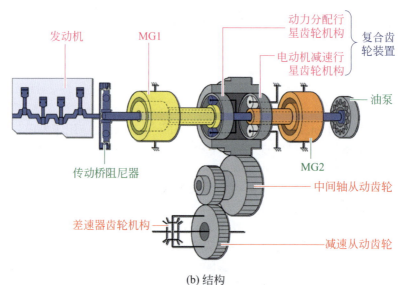

(b) 结构

扫一扫

视频精讲

(c) 位置

图 7-2-2 齿轮组

电动机 MG2 的动力通过 MG2 减速齿轮传输至中间轴从动齿轮，从而驱动减速主动齿轮。

（3）快速识别方法与技巧

齿轮组安装在混合驱动桥的内部。

（4）常见故障与处理

混合驱动桥常见故障有漏油、异响。若混合驱动桥漏油，则更换油封或重新密封接触面。若混合驱动桥异响，是由混合驱动桥内的轴承所致，更换相关轴承即可。

因厂家不允许对高压部件进行拆解维修，因此需向厂家申请技术支持。

7.2.3 驻车锁止执行器

（1）外观、结构和位置（图7-2-3）

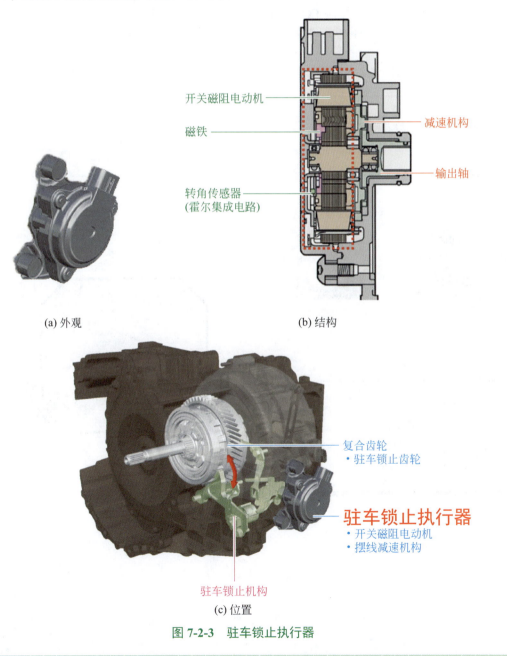

图 7-2-3 驻车锁止执行器

(2) 工作原理与作用

驾驶员操作电子换挡器进入 P 挡, 电子换挡器将驻车请求信号发送到动力管理控制 ECU, 动力管理控制 ECU 结合当前情况判断是否符合驻车条件。当符合条件时, 动力管理控制 ECU 发送驻车指令到变速器控制 ECU, 变速器控制 ECU 根据驻车条件判断是否进行驻车, 变速器控制 ECU 控制驻车电机进入 P 挡, 锁止复合齿轮。驻车完成后变速器控制 ECU 将收到驻车锁止执行器发出的 P 挡位置信号, 并将此信号反馈给动力管理控制 ECU, 完成换挡过程。

驾驶员操作电子换挡器退出 P 挡, 电子换挡器将解除驻车请求信号发送给动力管理控制 ECU, 动力管理控制 ECU 结合当前情况判断是否满足解除驻车条件。当符合条件时, 动力管理控制 ECU 发送解除驻车指令到变速器控制 ECU, 变速器控制 ECU 根据解锁条件判断是否进行解锁, 变速器控制 ECU 控制电机解除 P 挡锁止减速器。解除驻车完成后变速器控制 ECU 将收到驻车锁止执行器发出的挡位位置信号, 并将此信号反馈给动力管理控制 ECU, 完成换挡过程。

驻车控制流程如图 7-2-4 所示。

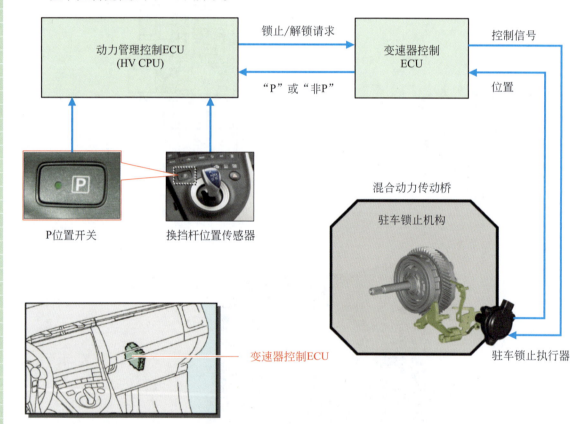

图 7-2-4　驻车控制流程

(3) 快速识别方法与技巧

驻车锁止执行器安装在混合驱动桥外壳上。

(4) 常见故障与处理

驻车锁止执行器常见故障为其不工作, 在线路正常情况下, 更换驻车锁止执行器即可。

7.2.4 驱动桥冷却系统

(1) 外观和位置 (图7-2-5)

(a) 外观

1—机械变速器油泵；2—电动变速器油泵

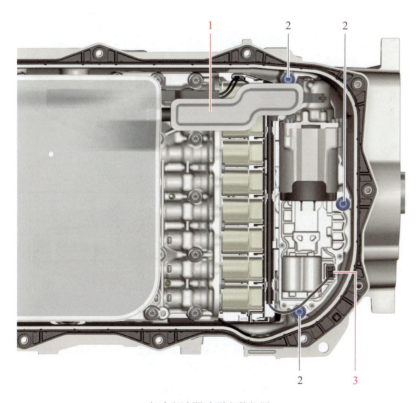

电动变速器油泵安装位置

1—抽吸管路；2—电动变速箱油泵的螺栓连接点；3—电气接口

图 7-2-5

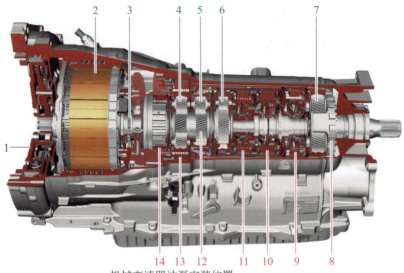

机械变速器油泵安装位置

1—双质量飞轮；2—电机；3—机械变速箱油泵驱动链条；4—齿轮组1；5—齿轮组2；6—齿轮组3；
7—齿轮组4；8—驻车锁；9—片式离合器D；10—片式离合器C；11—片式离合器E；
12—齿轮组1和2共用的太阳轮；13—片式制动器B；14—片式制动器A

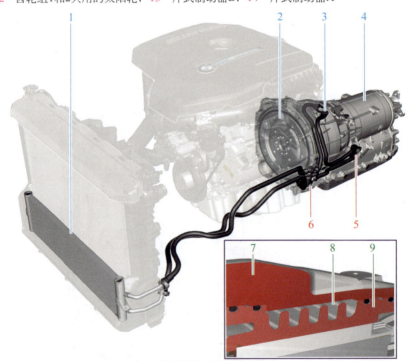

变速箱机油冷却

1—变速箱油冷却器；2—电机；3—变速箱油管路接口(用于电机冷却)；4—自动变速箱；5—变速箱油管路接口(用于自动变速箱冷却)；6—变速箱油节温器；7—自动变速箱壳体；8—电机变速箱油通道；9—定子支架

(b) 位置

图 7-2-5 驱动桥冷却系统

（2）工作原理与作用

机械变速箱油泵由变速箱输入轴的滚子齿形链驱动。分离离合器分离时通过电机驱动，分离离合器接合时通过内燃机和电机组合驱动。

在变速箱输入轴转速过低的运行阶段，电动变速箱油泵可对液压系统泄漏进行补偿，以便在有负荷要求的情况下降低变速箱响应时间。

与机械变速箱油泵一样，电动变速箱油泵也是一个叶片泵。它由一个无电刷直流电机驱动。电子控制装置集成在电动变速箱油泵的壳体内，由变速箱电子控制系统 EGS 控制。

电动变速箱油泵从变速箱油温度 -5℃ 起可以运行。在电机失灵等特殊情况下，电动变速箱油泵也可从 -15℃ 起以应急模式运行，从而使分离离合器接合。即使在电机失灵时，驾驶员也可以借此继续行驶。

（3）快速识别方法与技巧

机械变速箱油泵和电动变速箱油泵安装在变速器内部。

（4）常见故障与处理

常见故障为抽吸管路堵塞，如果其他功能、零部件正常，则清除堵塞即可。

扫一扫

视频精讲

第 8 章 底盘悬架零部件

8.1 底盘悬架类型

汽车悬架可分为两大类:非独立悬架和独立悬架。

8.1.1 非独立悬架

非独立悬架(图 8-1-1)的两侧车轮安装于一根整体式车桥上,车桥通过悬架与车架相连。这种悬架结构简单,传力可靠,但两轮受冲击振动时互相影响。而且由于非悬架质量较重,悬挂的缓冲性能较差,行驶时汽车振动,冲击较大。该悬架一般多用于载重汽车、普通客车和一些其他车辆上。

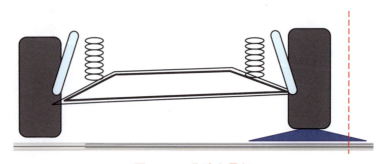

图 8-1-1　非独立悬架

（1）钢板弹簧非独立悬架

钢板弹簧被用作非独立悬架的弹性元件，由于它兼起导向机构的作用，使得悬架系统大为简化，如图8-1-2所示。

这种悬架广泛用于货车的前、后悬架中。它中部用U形螺栓将钢板弹簧固定在车桥上。悬架前端为固定铰链，也叫死吊耳。它由钢板弹簧销钉将钢板弹簧前端卷耳部与钢板弹簧前支架连接在一起，前端卷耳孔中为减少磨损而装有衬套。后端卷耳通过钢板弹簧吊耳销和后端吊耳与吊耳架相连，后端可以自由摆动，形成活动吊耳。当车架受到冲击弹簧变形时两卷耳之间的距离有变化的可能。

图8-1-2　钢板弹簧式非独立悬架

（2）螺旋弹簧非独立悬架

因为螺旋弹簧作为弹性元件，只能承受垂直载荷，所以其悬架系统要加设导向机构和减振器，如图8-1-3所示。

图8-1-3　螺旋弹簧非独立悬架

8.1.2　独立悬架

每个车轮单独通过一套悬架安装于车身或者车桥上，车桥采用断开式，中间一段固定于车架或者车身上。此种悬架两边车轮受冲击时互不影响，而且由于非悬架重量较轻，缓冲与减振能力很强，乘坐舒适。独立悬架（图8-1-4）的各项指标都优于非独立式悬架，但该悬架结构复杂，而且还会使驱动桥、转向系统变得复杂。

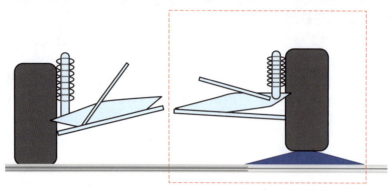

图 8-1-4　独立悬架

（1）麦弗逊式

麦弗逊式悬架是当今最为流行的独立悬架之一，一般用于轿车的前轮（图 8-1-5）。简单地说，麦弗逊式悬架的主要结构即是由螺旋弹簧加上减振器组成的，减振器可以避免螺旋弹簧受力时向前、后、左、右偏移的现象，限制弹簧只能做上下方向的振动，并可以用减振器的行程长短及松紧，来设定悬架的软硬及性能。

麦弗逊式悬架的优点是在行车舒适性上的表现令人满意，其结构体积不大，可有效扩大车内乘坐空间。但由于其构造为直筒式，对左右方向的冲击缺乏阻挡力，抗刹车点头作用较差。

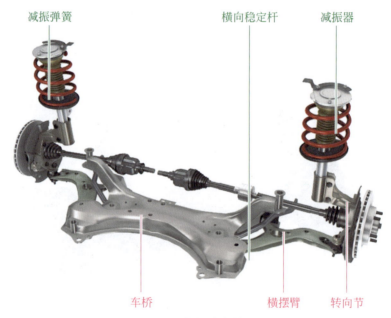

图 8-1-5　麦弗逊式前悬架

（2）双叉臂式

双叉臂式悬架又称双 A 臂式独立悬架，双叉臂式悬架拥有上下两个叉臂，横向力由两个叉臂同时吸收，支柱只承载车身重量，因此横向刚度大。双叉臂式悬架的上下两个 A 字形叉臂可以精确地定位前轮的各种参数，前轮转弯时，上下两个叉臂能同时吸收轮胎所受的横向力，加上两叉臂的横向刚度较大，所以转弯的侧倾较小，如图 8-1-6 所示。

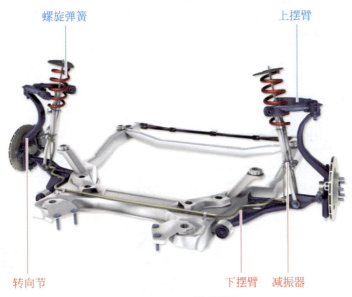

图 8-1-6 双叉臂式悬架

（3）双横臂式

双横臂式悬架和双叉臂式悬架有着许多共性，只是结构比双叉臂式悬架简单些，也可以称为简化版的双叉臂式悬挂。与双叉臂式悬挂一样，双横臂式悬架的横向刚度也比较大，一般也采用上下不等长的摇臂设置。而有的双横臂的上下臂不能起到纵向导向作用，还需要另加拉杆导向。这种结构较双叉臂式更简单的双横臂式悬架性能介于麦弗逊式悬架和双叉臂式悬架之间，拥有不错的运动性能，一般用在 A 级或者 B 级家用车上，如图 8-1-7 所示。

图 8-1-7 双横臂式悬架

8.1.3 悬架系统的作用

❶ 连接车架（或车身）和车桥（车轮），把路面作用到车轮的各种力传给车架（或车身）。
❷ 缓和冲击、衰减振动，使人们乘坐舒适，具有良好的平顺性。
❸ 保证汽车具有良好的操纵稳定性。

8.2 减振器

8.2.1 前减振器

（1）外观、结构和位置（图8-2-1）

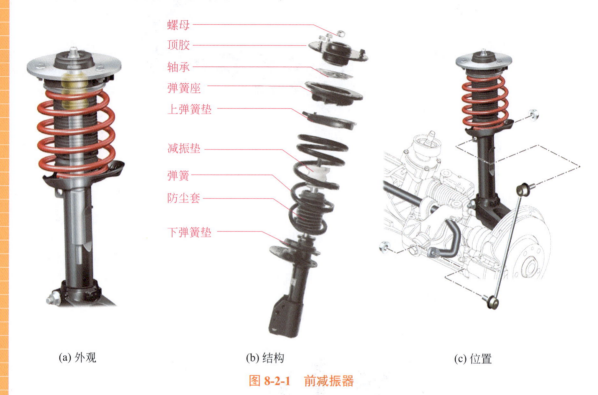

(a) 外观　　　　　　　　(b) 结构　　　　　　　　(c) 位置

图 8-2-1　前减振器

（2）作用

当车轮上下跳动时，减振器的工作活塞在油液中做往复运动，使工作活塞的上腔和下腔之间产生油压差，压力油便推开压缩阀或伸张阀而来回流动。由于阀对压力油产生较大的阻尼力，故使振动衰减。

（3）快速识别方法与技巧

前减振器安装在前悬架上，减振器的上部连接车架，下部连接转向节。

（4）常见故障与处理

减振器常见的故障是异响、漏油，其故障现象为车辆经过不平路面时会产生异响。
检查方法：

❶ 检查前减振器是否有漏油，如果出现漏油则需更换减振器；

❷ 检查异响时，需要将车辆开到不平的路面进行路试，首先确定异响在左侧还是右侧，因为减振器的异响与连接杆的异响差不多，在排除连接杆异常后，可对减振器进行拆检，更换损坏的零件。

8.2.2 后减振器

后减振器的外观、结构和位置如图 8-2-2 所示。其作用、快速识别方法与技巧、常见故障与处理方法与前减振器基本一致，参见 8.2.1 小节，此处不再赘述。

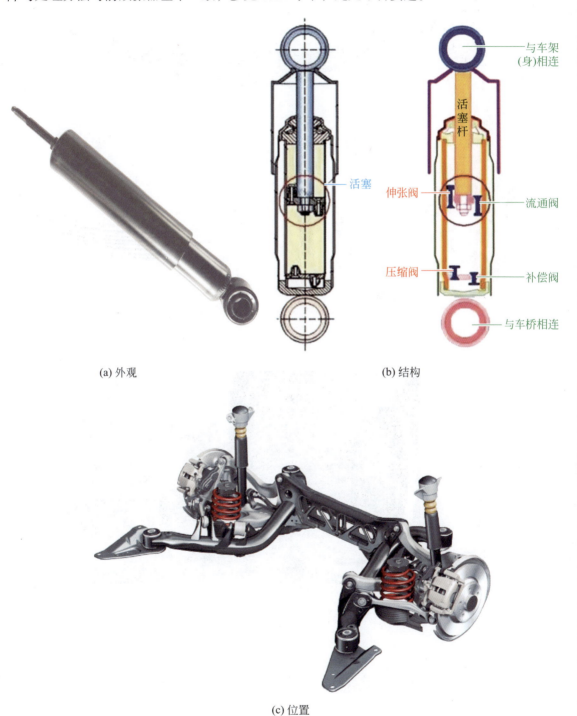

图 8-2-2 后减振器

8.2.3 钢板弹簧

（1）外观、结构和位置（图8-2-3）

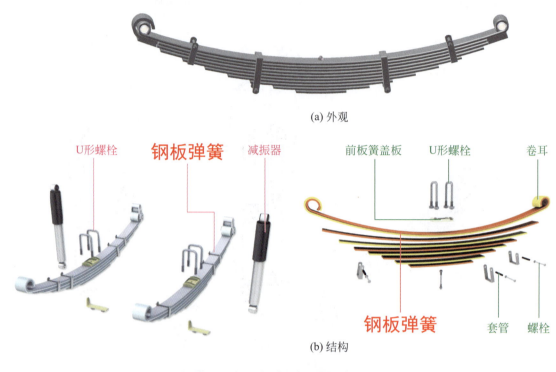

(a) 外观

(b) 结构

(c) 位置

图 8-2-3　钢板弹簧

（2）作用

为加速振动的衰减，改善驾驶员的乘坐舒适性，在货车的前悬架中一般都装有钢板弹簧，而货车后悬架则不一定装减振器。

（3）快速识别方法与技巧

钢板弹簧在车上通常是纵向布置的，前钢板弹簧中部用2个U形螺栓固定在前桥上。

（4）常见故障与处理

钢板弹簧往往是由于超负荷而产生疲劳折断，造成钢板弹簧断裂的具体原因有以下几点（图8-2-4）。

Ⅰ区断裂：U形螺栓紧固不牢；中心螺栓松动折断；中心螺栓没有嵌入车轴支架定位孔；零件局部缺陷等。

Ⅱ区断裂：U形螺栓紧固过紧；钢板弹簧支架边缘圆角过小；经常超载运行；减振器失效。

Ⅲ区断裂：紧急制动或起步过猛造成板簧S形卷绕；夹箍松弛；板簧表面缺陷、热处理过烧、脱炭或晶粒粗大；单片喷丸时，因夹具障碍造成局部未喷；减振器失效；夹箍与主片上表面间隙小，主片侧扭时的剪切力过大；疲劳损坏。

Ⅳ区断裂：卷耳制造时，局部出现热处理缺陷；片间无润滑，干摩擦过大，呈锁止状态；紧急制动或突然起步频繁；靠近卷处夹箍与主片表面间隙过小。

图8-2-4　故障位置

8.2.4　空气悬架减振器

（1）外观、结构和位置（图8-2-5）

前桥空气弹簧减振支柱　　后桥空气弹簧
（四轮驱动图片）　　　　 减振支柱

(a) 外观

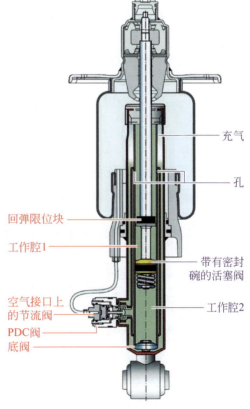

充气
孔
回弹限位块
工作腔1
带有密封碗的活塞阀
空气接口上的节流阀
工作腔2
PDC阀
底阀

(b) 结构

图 8-2-5

(c) 位置

图 8-2-5 空气悬架减振器

（2）工作原理与作用

空气悬架用于提高行驶舒适性，主要在静止状态下进行系统调节，从而补偿因车辆负荷产生的高度变化。在惯性作用下，系统无法对因快速驶过转弯路段等产生的行驶动态干扰参数做出反应。行驶期间进行动态调节仅用于补偿因燃油箱容积降低和空气弹簧减振支柱空气温度变化产生的高度变化。

空气弹簧减振支柱内容积增大时会使车身升高。通过四个车辆高度传感器识别出达到规定高度并终止控制相应电磁阀。在此单独通过两个车辆高度传感器来调节后桥。在前桥处根据一个平均值调节相应车辆高度。

（3）快速识别方法与技巧

空气悬架减振器安装在前后悬架上，控制单元、蓄压器等均安装在后备厢内。

（4）常见故障与处理

空气悬架常见的故障是漏气，其故障现象多为空气悬架塌下。

首先要判断是单个空气悬架塌下还是四个塌下。如果是单个塌下，则重点检查空气悬架及其供气系统是否存在故障，更换损坏的零部件即可。如果是四个塌下，则重点检查空气供给装置、管路、控制模块，更换损坏的零部件即可。

8.3 稳定杆

（1）外观、结构和位置（图8-3-1）

(a) 外观

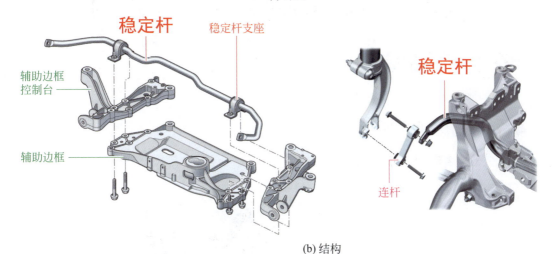

(b) 结构

(c) 位置

图 8-3-1 稳定杆

（2）工作原理与作用

横向稳定杆的作用是防止车身在转弯时发生过大的横向侧倾，尽量使车身保持平衡，目的是减少汽车横向侧倾程度和改善平顺性。横向稳定杆实际上是一个横置的扭杆弹簧，在功能上可以看成是一种特殊的弹性元件。当车身只做垂直运动时，两侧悬架变形相同，横向稳定杆不起作用。当汽车转弯时，车身侧倾，两侧悬架跳动不一致，外侧悬架会压向稳定杆，稳定杆就会发生扭曲，杆身的弹力会阻止车轮抬起，从而使车身尽量保持平衡，起到横向稳定的作用。

（3）快速识别方法与技巧

连接杆安装在托架上，连接左右两侧的连杆，通过连杆连接两侧的减振器。

（4）常见故障与处理

稳定杆常见的故障是移位，其故障现象为两侧的间隙不一样，与下托架接触后产生异响。连接杆常见的故障是球头松动，其故障现象为车辆经过不平路时会产生异响。检查方法如下。

❶ 目测检查稳定杆左右两侧的间隙是否一致，如不一致则更换稳定杆支座衬套，再将左右两侧的间隙调整到一致。

❷ 用手摇动连接杆，如球头有松动，则需要更换连接杆。

8.4 控制臂

8.4.1 前悬架控制臂

（1）外观、结构和位置（图8-4-1）

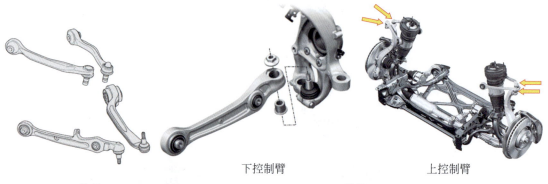

(a) 外观　　　　　　　　　　下控制臂　　　　　　(b) 结构　　　　　上控制臂

(c) 位置

图 8-4-1　前悬架控制臂

（2）作用

前悬架控制臂作为汽车悬架系统的导向和传力元件，将作用在车轮上的各种力传递给车身，同时保证车轮按一定轨迹运动。

（3）快速识别方法与技巧

前悬架控制臂分别通过球铰或者衬套把车轮和车身弹性地连接在一起。

（4）常见故障与处理

前悬架控制臂常见的故障是衬套损坏，其故障现象多为车辆经过不平路时会产生异响。

检查方法：目测、使用撬棍撬动控制臂，检查衬套是否损坏，如发现损坏则需要更换整条控制臂。

8.4.2 后悬架控制臂

（1）外观、结构和位置（图8-4-2）

(a) 外观

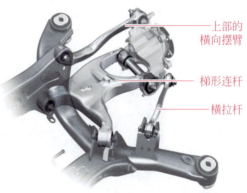

(b) 结构

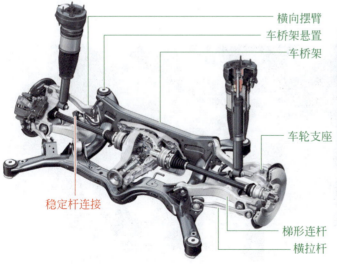

(c) 位置

图 8-4-2 后悬架控制臂

（2）工作原理与作用

后悬架控制臂作为汽车悬架系统的导向和传力元件，将作用在车轮上的各种力传递给车身，同时保证车轮按一定轨迹运动。

（3）快速识别方法与技巧

后悬架控制臂分别通过球铰或者衬套把车轮和车身弹性地连接在一起。

（4）常见故障与处理

后悬架控制臂常见的故障是衬套损坏，其故障现象多为车辆经过不平路时会产生异响。

检查方法：目测、使用撬棍撬动控制臂，检查衬套是否损坏，如发现损坏则需要更换整条控制臂。

8.5 转向节

（1）外观、结构和位置（图8-5-1）

(a) 外观

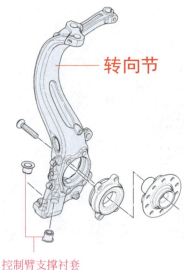

(b) 结构

(c) 位置

图 8-5-1　转向节的外观、结构和位置

（2）作用

转向节是汽车转向桥中的重要零件之一，能够使汽车稳定行驶并灵敏传递行驶方向。

转向节的作用是传递并承受汽车前部载荷，支承并带动前轮绕主销转动而使汽车转向。在汽车行驶状态下，它承受着多变的冲击载荷，因此，要求其具有很高的强度。

（3）快速识别方法与技巧

转向节上部连接减振器、下部连接下控制臂、中间连接变速箱的传感器轴，同时在转向节上安装制动系统与轮胎。

（4）常见故障与处理

转向节常见的故障为转向节变形，其故障现象多为轮胎出现不正常的磨损、直线行驶时跑偏。

检查方法：转向节的变形，通常不易发现。如轮胎出现不正常的磨损、直线行驶时跑偏，应首先检查底盘悬架是否有故障，在检查不到问题的情况下，对车辆进行四轮定位，分析四轮定位参数的主销后倾角、主销内倾角、前轮外倾角、前轮前束。

8.6 轮胎及轮辋

（1）外观、结构和位置（图8-6-1）

(a) 外观

普通斜交轮胎

子午线轮胎

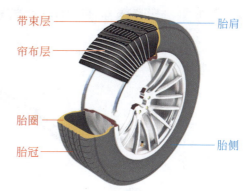

(b) 结构

图 8-6-1

(c) 位置

图 8-6-1　轮胎及轮辋

（2）作用

轮胎的作用是支承整车；缓和由路面传来的冲击力；通过轮胎与路面间存在的附着力作用来产生驱动力和制动力；汽车转弯行驶时产生平衡离心力的侧抗力，在保证汽车正常转向行驶的同时，通过车轮产生的自动回正力矩，使汽车保持直线行驶方向；承担越障和起到提高通过性的作用等。

（3）快速识别方法与技巧

轮胎安装在车辆的转向节上，通常黑色的圆圈为轮胎，轮胎中间的为轮辋。

（4）常见故障与处理

轮胎常见的故障是鼓包、胎面变形、老化。鼓包故障现象多为在胎壁出现一个鼓起的包，容易破裂造成事故，如出现轮胎鼓包则需要更换轮胎。

胎面变形、老化故障现象多为车辆以 40～60km/h 的速度行驶时，胎噪变大，同时因为老化容易造成爆胎，这种情况也需要更换轮胎。

8.7　传动装置

8.7.1　后驱汽车万向传动装置

（1）外观、结构和位置（图 8-7-1）

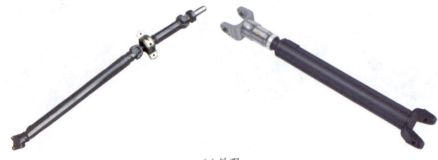

(a) 外观

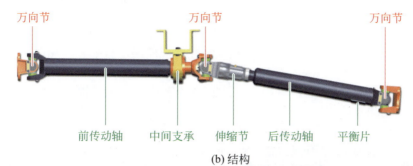

(b) 结构

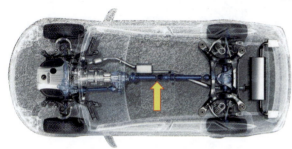

(c) 位置

图 8-7-1 后驱汽车万向传动装置

（2）作用

传动轴是万向传动装置中的主要传力部件，在前置后轮驱动的乘用车和大部分的载货车中，传动轴通常制成整体式。

（3）快速识别方法与技巧

发动机前置后驱车辆的传动轴在车辆底盘上，其上黑色的铁柱就是传动轴，从变速器直到后桥上。

（4）常见故障与处理

❶ 传动轴。传动轴的主要损伤形式有弯曲、凹陷或裂纹等，其导致的常见故障现象是汽车在行驶中发出周期性的响声，且响声随着速度的增大而增大，甚至还可能伴随着车身的振动。

传动轴检修主要包含以下内容。

a. 检查传动轴轴管是否有裂纹及严重的凹陷，如有，应更换传动轴。

b. 检查传动轴是否弯曲变形，如有，应更换传动轴。

检查传动轴时可用 V 形铁架起传动轴，使其水平，而后旋转，用百分表在轴的中间部位进行测量。其径向跳动公差应符合表 8-7-1 的规定，否则应更换或校正传动轴（轿车传动轴径向全跳动公差应比表 8-7-1 中的数据相应减小 0.2mm）。

表 8-7-1 径向跳动公差　　　　　　　　　　　　单位：mm

轴长	≤ 600	600 ～ 1000	> 1000
径向全跳动公差	0.60	0.80	1.00

c. 检查中间传动轴支承轴颈的径向圆跳动。径向圆跳动的公差不应超过 0.10mm，否则

应进行镀铬修复或予以更换。

d. 检查传动轴花键与滑动叉花键、凸缘叉与所配合花键的间隙。对于轿车应不大于0.15mm，其他类型的汽车应不大于0.30mm，装配后应能滑动自如。若超过限值，应更换传动轴或滑动叉。

❷ 中间支承。中间支承的常见损伤形式是橡胶老化和轴承磨损，其导致的常见故障现象是传动轴的振动和异响等。

中间支承的检修主要包含以下内容。

a. 检查中间支承轴承的旋转是否灵活，油封和橡胶衬垫是否损坏，如有异常应更换中间支承。

b. 检查中间支承轴承的松旷程度，分解后可进一步检查轴承的轴向和径向间隙是否符合原厂规定，如出现松旷或间隙不符合规定等情况，应更换中间支承。

8.7.2　前驱汽车传动轴

（1）外观、结构和位置（图8-7-2）

(a) 外观

(b) 结构

左侧传动轴

右侧传动轴

(c) 位置

图 8-7-2　前驱汽车传动轴（半轴）

（2）工作原理与作用

半轴的主要作用是传递动力。

半轴将差速器传来的转矩传给车轮，通过这种传递方式驱动汽车行驶。现在汽车使用的都是半轴支撑形式，最常见的有全浮式半轴和半浮式半轴，而全浮式半轴的应用最为广泛。

（3）快速识别方法与技巧

半轴是在差速器与驱动轮之间传递动力的实心轴，其内端花键与差速器的半轴齿轮相连接，而外端则用凸缘与驱动轮的轮毂相连接，半轴齿轮的轴颈支承在差速器壳两端轴颈的孔内，而差速器壳又以其两侧轴颈借助轴承直接支承在主减速器壳上。

（4）常见故障与处理

万向节的主要损伤形式是磨损、锈蚀及松旷，其导致的常见故障是汽车起步或突然改变车速时传动轴发出"吭"的响声，在汽车缓行时，发出"咣当、咣当"的响声。

万向节（以球笼式万向节为例）、防尘罩的检修主要包含以下内容。

❶ 检查球笼是否锈蚀，沟槽是否有严重的磨损，如有则应更换万向节。
❷ 检查钢球表面是否光滑、色泽明亮，如出现麻点、球面灰暗等情况，应更换万向节。
❸ 检查防尘罩是否完好无损，如出现破损，则应更换防尘罩。

8.8 轮胎压力监控系统

（1）外观、结构和位置（图8-8-1）

(a) 外观

(b) 结构

1—DSC 控制单元；2—DSC 液压单元上的制动管路接口；3—回流泵；4—固定支架；A—DSC 单元

图 8-8-1

(c) 位置

1—右前车轮电子装置；2—中央信息显示屏CID(可显示轮胎充气压力)；3—右后车轮电子装置；4—遥控信号接收器FBD；5—左后车轮电子装置；6—组合仪表KOMBI；7—动态稳定控制系统DSC；8—左前车轮电子装置

图 8-8-1　轮胎压力监控系统

（2）工作原理与作用

处于静止模式（车轮静止）15min后，只要车轮加速度超过约20km/h，电子装置就会开始以自适应模式发送信号。在自适应模式下，在9min内每隔15s（40个记录）向DSC控制单元发送记录。通过在自适应模式下进行发送，DSC控制单元可计算出各车轮电子装置的安装位置。如果用其他车辆的车轮组更换了当前部件且该车轮组静止模式（车轮静止）时间未超过15min，则车轮电子装置就会开始以准备模式发送信号。无法在准备模式下进行车轮电子装置自适应。

可在即将把车轮组装到车上之前进行车轮组平衡，因为进行平衡时只有少量记录会以自适应模式发送，还有足够多的记录可确保车轮电子装置进行有效自适应。

（3）快速识别方法与技巧

车轮电子装置安装在车轮内，气门嘴材质一般为铝合金。

（4）常见故障与处理

轮胎压力监控系统常见的故障是轮胎漏气，其故障现象为轮胎压力监控系统报警。

❶ 轮胎被扎引起的胎压监测灯亮。这种情况通常是极慢的漏气，一时没办法发现到底是哪个轮胎漏气，这时可以用胎压表进行测量，前轮2.3bar，后轮2.5bar（1bar=10^5Pa，下同），若缺气，则补足，然后观察胎压报警灯，若过几天又亮起，则需进行修补。

❷ 胎压监测灯亮有时是胎压过高。通常GB/T 2978—2014标准中规定汽车轮胎充气压

力要求：标准型轮胎 2.4～2.5bar；增强型轮胎 2.8～2.9bar；最高气压不应大于 3.5bar。所以当有轮胎胎压超过 3.0bar 时也会触发胎压监测灯亮。

❸ 低胎压行车时间过长引起的胎压监测灯亮。这种情况通常发生在某个轮胎胎压过低，高速运转使胎温升高，进而引起的胎压升高，这时应及时停车休息或更换备胎。

❹ 久未加气的胎压变低引起的胎压监测灯亮。当气压低于 1.8bar 时，会引起胎压监测灯亮，所以平时应做检查，看胎压检测器是否正常。在汽车出现异常情况时，若胎压监测器没有及时报警，则表明胎压监测器出现问题；如果是点火开关 ON/START 指示灯与 TPMS 指示灯同时点亮 2s 后熄灭，则这种情况要么是车辆原装的接收器未进行学习绑定，要么是曾经更换过接收控制器，并且该接收控制器未经过学习绑定。

第 9 章 制动系统零部件

9.1 盘式制动器

（1）外观、结构和位置（图9-1-1）

（2）工作原理与作用

盘式制动器主要有钳盘式和全盘式两种，其中钳盘式制动器更常用。

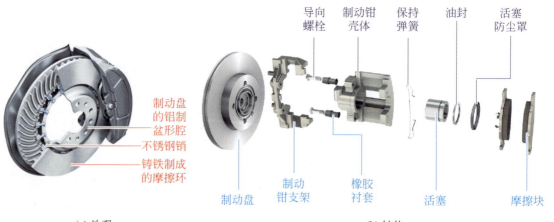

(a) 外观　　　　　　　　　　(b) 结构

(c) 位置

图 9-1-1　盘式制动器

钳盘式制动器的旋转元件是制动盘，固定元件是制动钳。钳盘式制动器主要有定钳盘式和浮钳盘式两种。

滑动钳盘式制动器实施制动时，液压力使活塞伸出，推动刹车片，刹车片压向制动盘的内侧表面。制动盘反作用于活塞上的压力使卡钳沿着导轨向内侧移动。卡钳的移动对外侧的刹车片施加了压力，使得刹车片压向制动盘外侧表面上。于是两侧的刹车片都压向制动盘的表面，逐渐增大的制动摩擦力使车轮停止转动。

（3）快速识别方法与技巧

制动盘为圆形，制动卡钳安装在制动盘上，制动块安装在制动卡钳内。

（4）常见故障与处理

常见的故障是刹车异响，其故障现象多为在低速行驶时刹车生产"吱吱吱"的异响。检查方法如下。

❶ 检查制动盘是否起槽，如果起槽，则需要检查制动盘的厚度，测量数据并与维修手册进行对比，如不符合则需要更换制动盘。

❷ 拆下制动块，检查制动块是否过度磨损，达到了极限，如果过度磨损则更换制动块。

❸ 在制动盘、制动块都符合要求的情况下，对制动块进行打磨，将边缘位置打磨即可消除噪声。

9.2　鼓式制动器

（1）外观、结构和位置（图9-2-1）

(a) 外观　　　　　　　　　　　(c) 位置

图 9-2-1

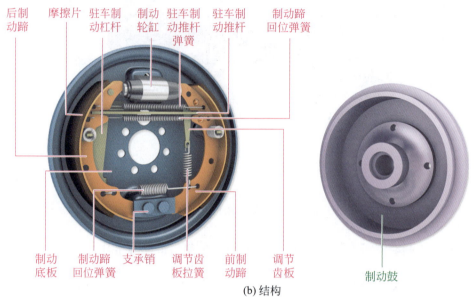

(b) 结构

图 9-2-1 鼓式制动器

(2) 工作原理与作用

制动时制动蹄在促动装置作用下向外旋转,外表面的摩擦片压靠到制动鼓的内圆柱面上,对制动鼓产生制动摩擦力矩。

(3) 快速识别方法与技巧

外形像一个圆形的鼓,部分轿车通常是后制动器为鼓式。

(4) 常见故障与处理

鼓式制动器常见的故障是刹车自动调节装置失效,其故障现象多为定位装置脱落。拉起手刹,手刹操纵手柄比正常时高,达到了 7~8 格。拆下制动鼓,检查定位装置是否脱落,如果脱落则重新安装或更换套件。

9.3 制动电子装置

(1) 外观、结构和位置(图9-3-1)

(a) 外观

(c) 位置

第 9 章 制动系统零部件

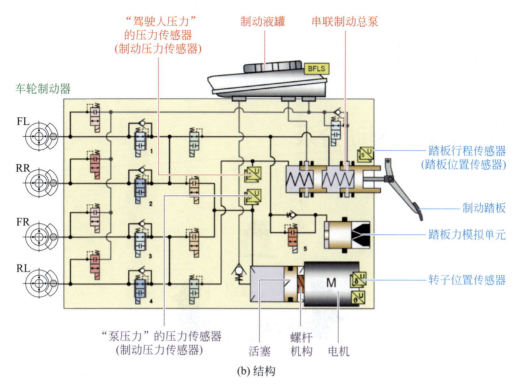

(b) 结构

图 9-3-1 制动电子装置

（2）功能与作用

主要改进在于把串联制动总泵、制动助力器（通过电动机械部件包括调节系统）、ESC 调节系统（包括 ABS、EDS、ASR 等）和混合制动系统集成在一个模块内（图 9-3-2）。

从功能上讲，该系统在压力建立动力学方面有优势，能为驾驶提供平稳不变的制动踏板感觉（即使在能量回收阶段也能保持这种感觉）。

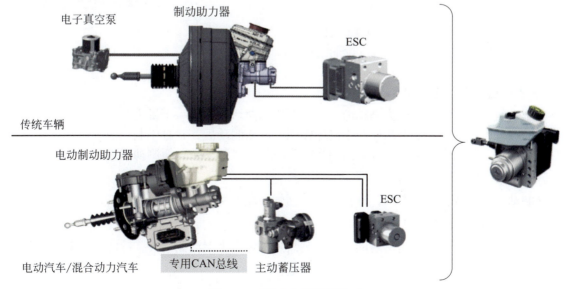

图 9-3-2 制动电子装置集成

145

(3)快速识别方法与技巧

制动电子装置安装在前机舱左侧。

(4)常见故障与处理

常见故障一般为线路断路、短路和接触不良，修复或更换线束即可。

鼓式制动分泵

(1)外观、结构和位置（图9-4-1）

(a) 外观

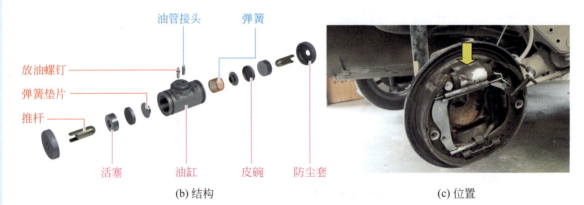

(b) 结构　　　　　　　　　　　(c) 位置

图 9-4-1　鼓式制动分泵

(2)工作原理与作用

制动时，总泵输出的压力制动液进入分泵后，对活塞作用一个推力，使活塞向外移动，将制动蹄推压在制动鼓上，从而产生制动作用。放松制动后，轮缸中制动液倒流回总泵，轮缸油压下降，制动蹄拉簧克服分泵内油压，将蹄片拉离制动鼓，使制动解除。

(3)快速识别方法与技巧

制动分泵安装在制动器内，连接着制动油管，左右两侧各是制动蹄片。

(4)常见故障与处理

制动分泵常见的故障是密封圈老化，其故障现象多为泄漏制动液，故障侧制动力不足。
检查方法：

❶ 从制动器后面检查，如果发现有油迹，则拆下制动鼓，更换制动分泵；

❷ 同时检查制动蹄片是否有脱落,如果有脱落或腐蚀则更换制动蹄片。

9.5 驻车制动装置

(1) 外观、结构和位置(图9-5-1)

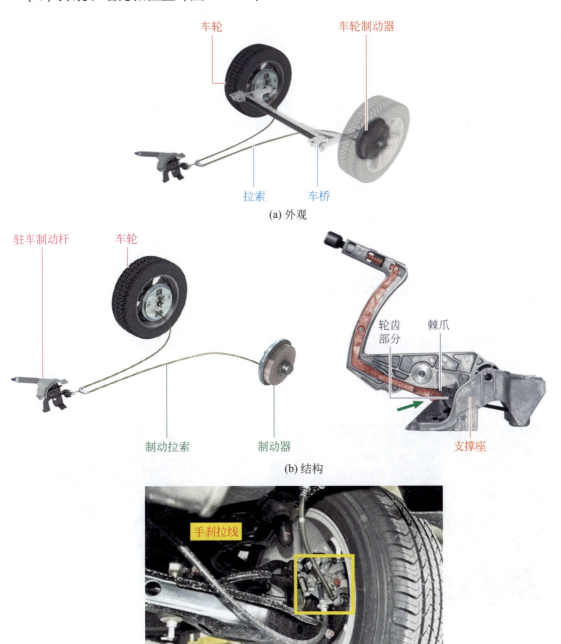

图 9-5-1 驻车制动装置

（2）功能与作用

驻车制动装置主要作用于后轮，其主要功用如下。

❶ 车辆停驶后防止滑溜。

❷ 使车辆在坡道上能顺利起步。

❸ 行车制动系失效后临时使用或配合行车制动器进行紧急制动。

驻车制动时，拉起操纵杆，操纵杆力通过操纵机构使驻车制动拉索收紧，拉索则拉动驻车制动杠杆的下端，使其绕上端支点顺时针转动。制动杠杆转动过程中，其中间支点推动驻车制动推杆左移，使前制动蹄压向制动鼓。前制动蹄压向制动鼓后，制动推杆停止运动，则驻车制动杠杆的中间支点变成其继续移动的新支点，于是驻车制动杠杆的上端右移，使后制动蹄压靠在制动鼓上，产生制动作用。此时，驻车制动操纵杆上的棘爪嵌入齿扇上的棘齿内，起锁止作用。

解除驻车制动时，按下驻车制动操纵杆上的按钮，使棘爪脱离棘齿，将操纵杆置于释放制动位置，松开驻车制动拉索，则制动蹄在复位弹簧的作用下复位。

（3）快速识别方法与技巧

手刹操纵手柄在驾驶室中央扶手箱处；手刹线位于车辆底盘，连接后制动器。

（4）常见故障与处理

常见故障为车轮转动拖滞或手刹操纵手柄过高导致驻车制动效果差，对驻车制动拉索进行调整即可。

9.6 电动驻车制动器

（1）外观、结构和位置（图9-6-1）

(a) 外观

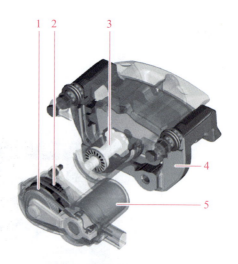

(b) 结构

1—带传动机构；2—行星齿轮箱；3—螺杆螺母；
4—制动钳；5—电机(直流电)

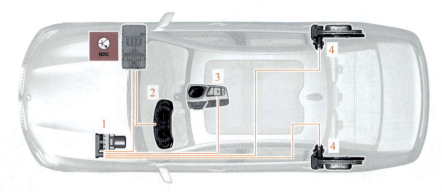

(c) 位置

1—带集成式驻车制动功能的DSC控制单元(动态稳定控制系统);
2—组合仪表KOMBI; 3—驻车制动按钮; 4—通过组合式制动钳上执行机构执行功能的电动驻车制动器

图 9-6-1　电动驻车制动器

（2）工作原理与作用

通过动态稳定控制系统 DSC 控制单元控制电动驻车制动器。在中控台上有一个用于启用或停用电动驻车制动器的驻车制动按钮。通过组合仪表 KOMBI 向驾驶员发出当前系统状态信息。

安装在制动钳上的执行机构使制动摩擦片承受准确计算的预应力。通过 DSC 控制单元内存储的温度模型可推断出制动盘温度。由于在制动盘冷却过程中压紧力减小，尤其在高温条件下系统必须张紧摩擦片，张紧时刻和频率根据计算的初始温度发生变化。

电动驻车制动器打开时，执行机构仅移回到制动摩擦片达到正确调节间隙。

在电动驻车制动器组合式制动钳壳体上有一个带皮带传动机构和行星齿轮箱的电机。控制电机时通过皮带传动机构和行星齿轮箱将作用力传递到螺杆螺母上。通过螺杆螺母实现接合制动摩擦片所需行程。通过电机电流升高，动态稳定控制系统 DSC 可确定预应力。

（3）快速识别方法与技巧

驻车制动按钮一般安装在驾驶室中央扶手处，驻车电机安装在后制动器上。

（4）常见故障与处理

常见故障为驻车电机不工作，在线路、开关正常的情况下，更换制动钳总成即可。

9.7　ABS 防抱死控制单元总成

（1）外观和结构（图9-7-1）

（2）工作原理与作用

ABS 正常工作时，首先由轮速传感器将车轮变化的速度信号及时输送给 ABS，由电脑对信号进行分析后，给液压调节器发出制动压力控制指令，液压调节器安装在制动系统的制动主缸和制动轮缸之间，在接收到 ABS 的控制指令后，通过液压调节器中二位二通电磁阀通路的改变（还有液压泵），直接或间接地控制制动压力的增减，从而调节制动器制动力矩，防止制动车轮被抱死。

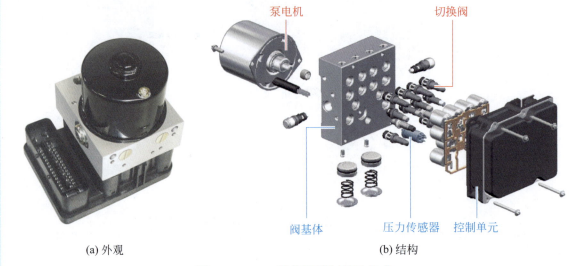

图 9-7-1 ABS 防抱死控制单元总成

ABS 的制动过程分为常规制动和 ABS 控制调节制动两部分。在通常情况下，只要制动过程中车轮没有被抱死的迹象，ABS 控制系统是不工作的。制动主缸中的制动液可直接通过液压调节器进入制动轮缸产生制动力，此时，进行的是常规制动过程。而车轮快要抱死时，ABS 会认为车轮有抱死趋势，便会发出控制指令，使液压调节器进行制动力的调节，调节过程由制动保压、制动减压和制动增压三个过程。

液压控制单元阀体内包括 8 个电磁阀，每个回路各一对，其中一个是常开进油阀，一个是常闭出油阀。它在制动主缸、制动轮缸和回油路之间建立联系，实现压力升高、压力保持和压力降低的功能，防止车轮抱死。

（3）快速识别方法与技巧

ABS 泵外形为正方形，银色部分为泵主体，黑色部分为控制单元。对于一般车辆，安装在左前大梁处，有的安装在发动机舱的左侧位置。

（4）常见故障与处理

防抱死控制单元常见的故障是控制单元故障，其故障现象为仪表 ABS 故障灯点亮，防抱死控制系统不工作。

检查方法如下：

❶ 用诊断仪访问 ABS 控制模块。检查是否输出了 DTC，如果是则根据输出的 DTC 维修电路。

❷ 检查蓄电池。

a. 用万用表测量蓄电池电压。标准电压为 11～14V。

b. 确认电压是否符合标准值，检查蓄电池充电或检查充电系统。

❸ 检查 ABS 控制模块线束连接器。检查线束连接器是否正确连接。

❹ 检查 ABS 控制模块线束接器（端子电压）。

a. 关闭点火开关。

b. 断开控制模块线束连接器。

c. 打开点火开关。

d. 用万用表测量线束连接器 CA13 端子 1、25 及 32 对车身接地的电压。标准电压为 11～14V。

e. 确认电压是否符合标准值。

❺ 检查 ABS 控制模块线束连接器（接地端子导通性）。

a. 用万用表测量连接器 CA13 端子 13、38 与车身接地之间的电阻。标准电阻小于 10Ω。

b. 确认电阻是否符合标准值。

❻ 更换液压电子控制单元总成。

a. 更换液压电子控制单元。

b. 连接蓄电池正极。

c. 打开点火开关，确认 ABS 警告灯是否点亮后熄灭。

❼ 检查组合仪表。

a. 连接诊断仪。

b. 在功能测试上选择"主动测试"。

c. 检查 ABS 警告灯是否工作正常。

❽ 更换组合仪表控制单元。

a. 断开蓄电池负极。

b. 更换组合仪表控制单元。

c. 确认修理完成。

9.8 主缸制动助力器

（1）外观、结构和位置（图9-8-1）

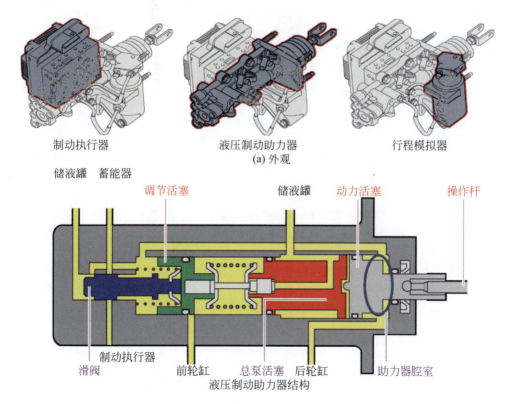

图 9-8-1

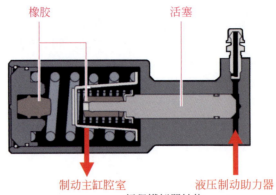

行程模拟器结构

(b) 结构

(c) 位置

图 9-8-1　主缸制动助力器

（2）作用

❶ 制动执行器：制动执行器包括执行器部分和防滑控制 ECU，在进行制动控制时执行器用于改变制动液回路。

❷ 液压制动助力器：根据制动踏板受到的力，液压制动助力器产生相应液压压力。

❸ 行程模拟器：行程模拟器使驾驶员踩踏板时产生与制动踏板行程一致的感觉。

（3）快速识别方法与技巧

主缸制动助力器安装在前机舱左侧。

（4）常见故障与处理

常见故障一般为线路断路、短路和接触不良，修复或更换线束即可。

9.9 蓄能器

(1) 外观、结构和位置（图9-9-1）

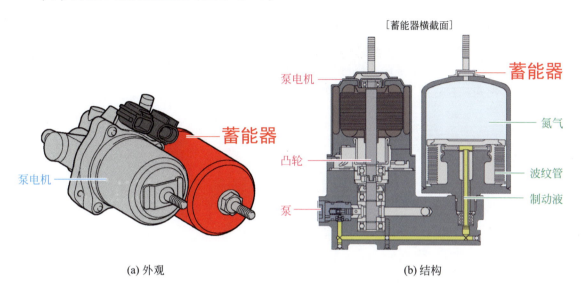

(a) 外观　　　　　　　　　　　(b) 结构

(c) 位置

图 9-9-1　蓄能器

(2) 作用

如必须降低驾驶员控制的制动压力（再生时取决于电驱动机构的辅助制动力矩），则制动助力控制器将促动蓄压器电动机。

如电驱动机构的辅助制动力矩在驾驶员制动装置激活期间变小或电驱动机构的发电机模式完全关闭,则必须再次提高之前降低的制动压力。控制器重新促动蓄压器的电动机,活塞运动降低工作缸的容量,工作缸中的制动液会重新输送到制动回路中。制动系统中的压力相应上升。

(3)快速识别方法与技巧

蓄压器直接与制动主缸相连,并由此与液压制动回路相连。

(4)常见故障与处理

常见故障一般为线路断路、短路和接触不良,修复或更换线束即可。

如果更换蓄压器,要为制动装置正确排气。

第10章 转向系统零部件

10.1 转向柱

（1）外观、结构和位置（图10-1-1）

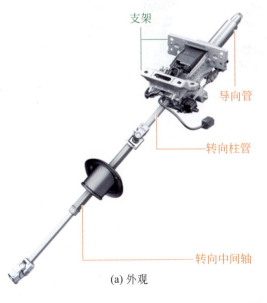
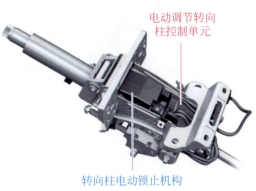

(a) 外观 (b) 结构

图 10-1-1

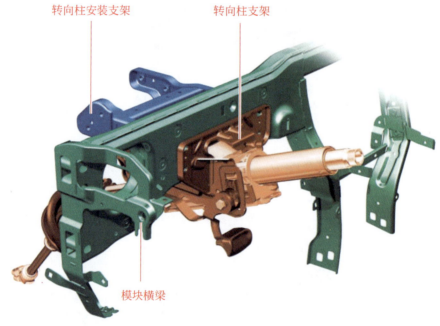

转向柱安装支架　转向柱支架

模块横梁

(c) 位置

图 10-1-1　转向柱

（2）作用

转向装置的作用是保证汽车按驾驶员的要求进行转向和正常行驶。

现代汽车的转向柱大多装有碰撞吸能机构，该机构吸收推力，否则在撞击时该推力将会施加到驾驶员身上。

第 10 章 转向系统零部件

（3）快速识别方法与技巧
转向柱安装在驾驶位置，固定在仪表台骨架上，上方连接方向盘，下方连接方向机。

10.2 电子助力转向器

（1）外观、结构和位置（图10-2-1）

(a) 外观

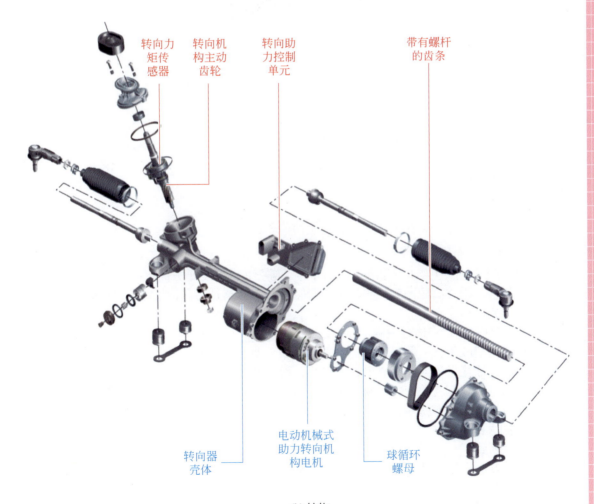

(b) 结构

图 10-2-1

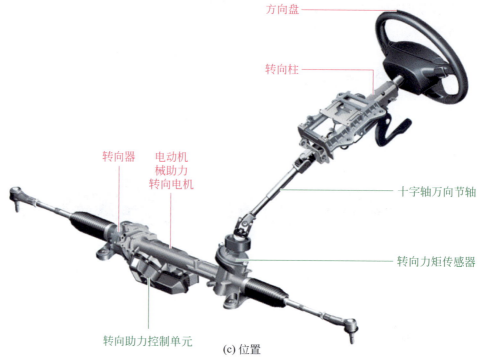

(c) 位置

图 10-2-1 电子助力转向器

（2）作用

该系统可以根据行驶状况来为驾驶人提供转向助力。

在有稳定的侧面风或者道路路面有倾斜时，助力转向机构会对直线行驶做出校正，这可减轻驾驶人在直线行驶的负担。

（3）快速识别方法与技巧

电子助力转向器安装在前托架上，连接两前轮转向节。

（4）常见故障与处理

❶ 方向机漏油。主要是上盖漏油（与十字节连接的小轴处、方向机两头防尘套处漏油）。

故障排除：检查高压油管接头是否拧紧、接头密封圈是否老化损坏，以免因高油管接口漏油导致误判。

❷ 方向盘一边重一边轻故障。

液压方向机故障：一般是方向机的内部原因（助力失效）。

在实际中往往发生向一个方向转向轻快，而向另一个方向转向沉重的故障，这一般是由于负责密封一侧高压腔的密封件漏损所致，如转向杆密封圈、活塞圆周上油道密圈等。还有一种情况应当注意，那就是转向沉重，一侧的限位阀封闭不严。封闭不严可能是调整不当，使该限位阀大部分在常开位置，或是阀与阀座封闭不严，更多的情况是限位阀上两个 O 形密封圈失效所致。

有的时候会发生向某一方向转向时从头至尾都很轻，而向另外一个方向转方向时，开始很轻，每打到某一个位置，方向就突然沉重。这种故障一般来讲是由于该方向的限位阀调整不当，使车轮还没有到极限位置时，限位阀就打开卸荷，此后转向立刻沉重。遇有此故障，只要进行限位阀的重新调整即可。

❸ 方向盘回位困难故障。对于液压助力方向机，一般出现的是机械故障。

一般车辆方向盘都有转向自动回位的功能。对于液压助力的汽车，由于液压阻尼的作用，自动回位的功能有所减弱，但还应保持一定的自动回位的能力。如果回位时，也要像转向时那样施力，则说明回位功能有故障，这种故障一般发生在转向机械部分。

10.3 电子助力转向器电机

（1）外观、结构和位置（图10-3-1）

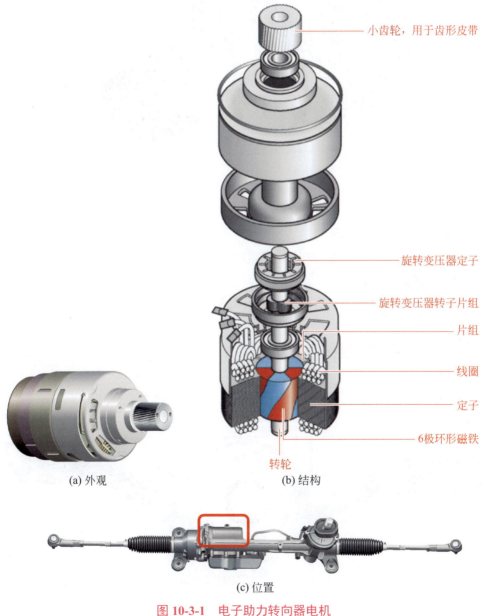

图 10-3-1　电子助力转向器电机

（2）作用

电动机械式助力转向电机 V187 是一种三相同步电机。在同步电机上，转子与定子电流磁场是同步转动的。它将所需的助力经齿形皮带传至循环球机构上。传动机构如图 10-3-2 所示。

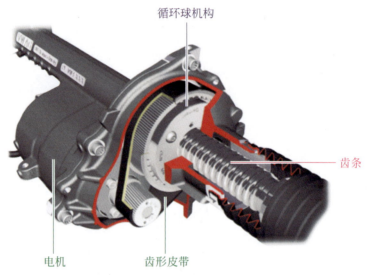

图 10-3-2　传动机构

（3）快速识别方法与技巧

电动机械式助力转向电机 V187 安装在转向器壳体内，与齿条是平行的。

（4）常见故障与处理

该电机若是损坏了，则不会有转向助力，需要更换电子助力转向器总成。

10.4　转向角传感器

（1）外观、结构和位置（图 10-4-1）

(a) 外观

第 10 章 转向系统零部件

转向角传感器

绝对环　相对环

转向柱电子控制单元

(b) 结构

(c) 位置

图 10-4-1　转向角传感器

（2）工作原理与作用

转向角传感器将转向角信息经数据 CAN 总线传给转向柱电子控制单元 J527。转向柱电子控制单元内有电子装置，用来分析这些信号。

（3）快速识别方法与技巧

转向角传感器在安全气囊的带滑环的回位环后面，转向柱开关和方向盘之间的转向柱上。

（4）常见故障与处理

转向角传感器常见的故障现象多为仪表电动机械式助力转向指示灯亮起，表示有异常。检查方法：

❶ 使用电脑诊断仪读取故障码，如有故障码与转向角传感器故障，则对车辆的底盘进行检查，如果正常则对转向角传感器进行学习；

❷ 如果在转向角传感器学习后仍然不能解决故障，则需要更换转向角传感器。

10.5 转向力矩传感器

（1）外观、结构和位置（图10-5-1）

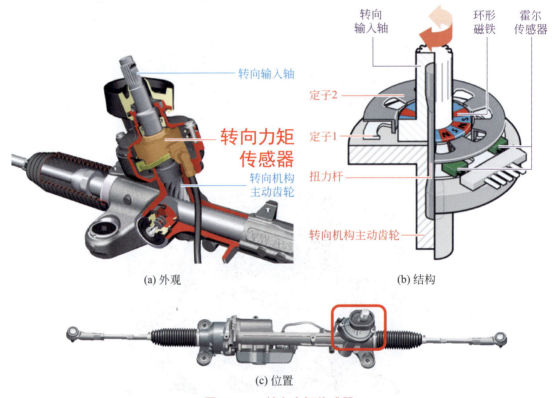

图10-5-1 转向力矩传感器

（2）工作原理与作用

驾驶人所施加在方向盘上的转向力矩是计算转向助力大小的基础，助力是由转向系统提供的。

转向力矩由转向机构主动齿轮上的转向力矩传感器确定出来。测得的是转向输入轴相对于转向机构主动齿轮的转动量，并将该转动量转化成模拟的输出电信号。

转向输入轴上有个16极环形磁铁（8个极对），该磁铁与转向输入轴一同转动。转向机构主动齿轮上有两个定子，每个定子有8个齿，定子与转向机构主动齿轮一同转动。在初始位置时，定子上的这些齿正好位于环形磁铁上相应的南极和北极之间。霍尔传感器与壳体刚性连接，不随着转动。

该传感器工作时是非接触式的，它采用磁阻效应原理来工作。定子1和定子2之间磁通量强度和方向就是转向力矩的直接量度，由两个霍尔传感器（冗余布置）来测量。根据所施加的转向力矩大小（其实就是扭转角大小），霍尔传感器的信号就在零位和最大位置之间变动。

（3）快速识别方法与技巧

在转向力矩传感器上，转向输入轴和转向机构主动齿轮是通过一根扭力杆连接起来的，该扭力杆有一定的抗扭能力。

（4）常见故障与处理

如果转向力矩传感器损坏，则必须更换转向器。如果识别出故障，那么转向助力功能就会被关闭。

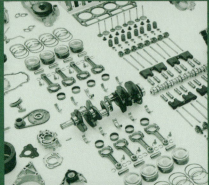

第11章 照明、信号系统零部件

11.1 外部照明

11.1.1 前照灯

（1）外观、结构和位置（图11-1-1）

前照灯总成

激光单元

(a) 外观

第 11 章 照明、信号系统零部件

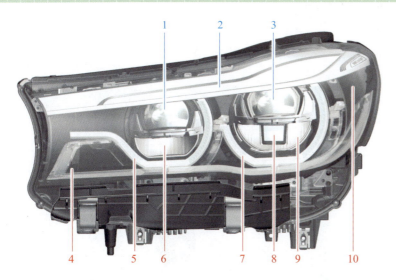

1, 3—近光灯；
2—转向信号灯；
4—转弯照明灯；
5, 7—停车示警灯、日间行驶照明灯和近光灯；
6, 9—远光灯；
8—激光车灯；
10—侧面示廓灯

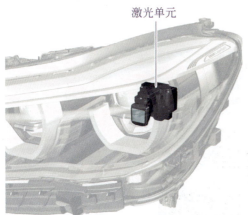

激光单元

激光单元(已拆下反射器和透镜)

激光二极管

激光单元内的激光二极管

偏光镜

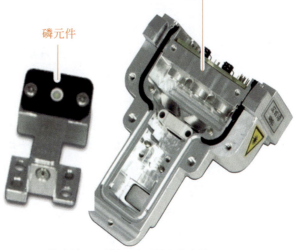

磷元件

激光二极管支架

激光单元(已拆下磷元件和偏光镜)

图 11-1-1

165

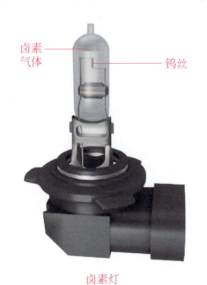
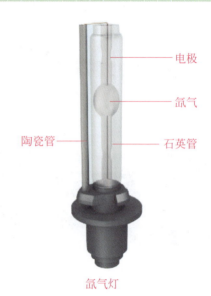

卤素灯　　　　　　　　　　　氙气灯

(b) 结构

(c) 位置

图 11-1-1　前照灯

（2）作用

前照灯的照明效果直接影响夜间行车驾驶的操作和交通安全，因此世界各国交通管理部门一般都以法律形式规定了汽车前照灯的照明标准，以确保夜间行车的安全。

（3）快速识别方法与技巧

前照灯是指装于汽车头部两侧，用于夜间行车道路的照明装置。

（4）常见故障与处理

前照灯常见的故障是灯泡不亮，其故障现象为一侧或两侧灯光不亮。

检查方法：首先检查灯泡灯丝是否烧断，如果有问题则更换新的灯泡；如果灯泡没问题，则检查该灯的电源、搭铁线是否有故障，若线路存在故障则对线路修复。

11.1.2 尾灯

(1) 外观、结构和位置（图11-1-2）

(a) 外观

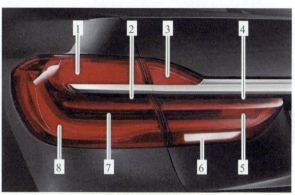

(b) 结构

1, 3—转向信号灯；2, 8—尾灯；4, 5—后雾灯；
6—倒车灯；7—制动信号灯

(c) 位置

图 11-1-2 尾灯

(2) 作用

尾灯在夜间行车时提示后车前面有车存在，并显示出两车间的位置关系，所以装在车后的两侧。

❶ 后位置灯：从车辆后方观察，用于表明车辆存在和宽度的灯。

❷ 后转向灯：用于向后方其他道路使用者表明车辆将向右或向左转向的灯。

❸ 制动灯：向车辆后方其他使用道路者表面车辆正在制动的灯。

❹ 后雾灯：在大雾情况下，从车辆后方观察，使得车辆更为易见的灯。

❺ 倒车灯：照明车辆后方道路和警告其他使用道路者，车辆正在或即将倒车的灯。

❻ 后回复反射器：通过外来光源照射后的反射光，向位于光源附近的观察者表明车辆存在的装置。

（3）快速识别方法与技巧

尾灯总成安装在车辆后方的两侧。

（4）常见故障与处理

尾灯常见的故障现象为一侧或两侧灯光不亮。

检查方法：

❶ 首先检查灯泡灯丝是否烧断，如果有问题则更换新的灯泡；

❷ 如果灯泡没问题，则检查该灯的电源、搭铁线是否有故障，若线路存在故障则对线路进行修复。

11.2 内部照明

11.2.1 全景天窗照明装置

全景天窗照明装置如图11-2-1所示。

图 11-2-1　全景天窗照明装置

1—压印图形；2—光导纤维；3—LED；4—外部染色玻璃；5—膜；
6—内部玻璃（白色玻璃）；7—车内可见光

11.2.2 光刃式 B 柱氛围灯

光刃式B柱氛围灯如图11-2-2所示。

图 11-2-2　光刃式 B 柱氛围灯的位置

11.3　喇叭

（1）外观和结构（图11-3-1）

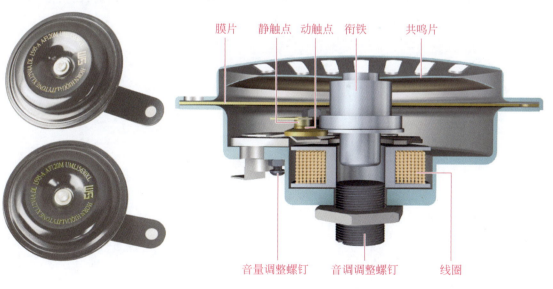

(a) 外观　　　　　　　　　　　　　　(b) 结构

图 11-3-1　喇叭的外观和结构

（2）作用

汽车喇叭是汽车行驶中的声响警示装置。在汽车的行驶过程中，驾驶员根据需要和规定发出必需的音响信号，警告行人和引起其他车辆注意，以保证交通安全，同时还用于催行和传递信号。

（3）快速识别方法与技巧

汽车喇叭一般安装在车辆的前部，在前保险杠内。

（4）常见故障与处理

在很多有关喇叭的故障中，出现问题时往往是喇叭本身的故障。特别是某些汽车设计的喇叭安装位置存在缺陷，在下雨时很容易使喇叭被雨水淋湿，造成喇叭的损坏。常见的喇叭故障如下。

❶ 有时不响。按喇叭开关，如果喇叭有时响，有时不响，多是喇叭内部的触点接触不好，有些也是喇叭本身的问题。

❷ 声音沙哑。多是由于插头接触不良，特别是方向盘周围的各个触点，由于使用频繁，容易使触点出现磨损。

❸ 完全不响。首先检查熔丝是否熔断，然后拔下喇叭插头，用万用表测量在按喇叭开关时此处是否有电。如果没电，应检查喇叭线束和喇叭继电器；如果有电，则是喇叭本身的问题，此时也可以试着调节喇叭上的调节螺母看是否能发声，如果还是不响，则需要更换喇叭。

喇叭不响是电气系统中的常见问题，遇到此类问题时，首先确认汽车电源系统是否工作正常，然后进一步检测喇叭电路。

查看喇叭的电路原理，如果喇叭不发声，故障位置可能在电路中的熔丝、喇叭继电器及喇叭按钮处，其中任何一处出现故障，均可能导致喇叭电路断路，引起喇叭不响。

另外，两侧喇叭不响，还有可能是因为连接线路松动，或两侧喇叭同时损坏，这种情况发生的概率较低，但也要考虑在内。

归纳起来，喇叭不响的故障原因主要有：喇叭按钮故障；熔丝故障；喇叭继电器故障；螺旋电缆故障；连接线路故障；喇叭本身故障。

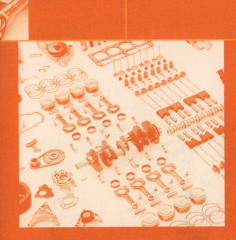

第12章 电气系统零部件

12.1 蓄电池

扫一扫

视频精讲

（1）外观、结构和位置（图12-1-1）

普通蓄电池

免维护蓄电池

(a) 外观

图 12-1-1

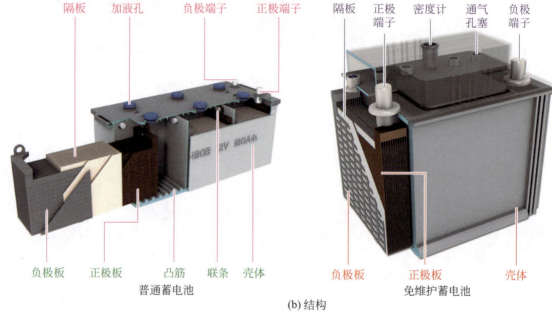

(b) 结构

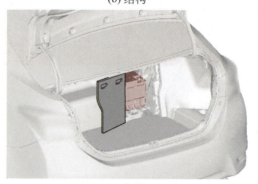

(c) 位置

图 12-1-1 蓄电池

（2）作用

12V 蓄电池的参与对于启动过程至关重要。车辆锁止时，高压蓄电池与高压电路断开。在启动过程中，高压蓄电池首先借助 12V 蓄电池连接到高压电路。

（3）快速识别方法与技巧

12V 蓄电池安装在前机舱左侧或后备厢内。

（4）常见故障与处理

常见故障为电压低、车辆无法启动，更换 12V 蓄电池即可。

12.2 熔断器

（1）外观和位置（图 12-2-1）

（2）作用

当电路发生故障或异常时，伴随着电流不断升高，并且升高的电流有可能损坏电路中的

第 12 章　电气系统零部件

前机舱中的熔断器　　　　驾驶舱中的熔断器

(a) 外观

前机舱　　　　　　　　　驾驶室

(b) 位置

图 12-2-1　熔断器

某些重要器件或贵重器件，也有可能烧毁电路甚至造成火灾。若电路中正确地安置了熔丝，那么熔丝就会在电流异常升高到一定的高度和一定的时候，自身熔断切断电流，从而起到保护电路安全运行的作用。

（3）快速识别方法与技巧

熔丝和继电器安装在熔断器上。

（4）常见故障与处理

汽车在使用过程中，若有电气设备不工作，则可能是熔丝烧毁导致，需及时更换。方法为：关闭点火开关，打开熔断器盖；更换熔丝。

注意事项：

❶需按照熔断器盖上注明的额定电流值更换熔丝，不要改用比额定电流高的熔丝；

❷如果新熔丝又立刻熔断，则说明电路系统可能存在故障，应尽快检修；

❸在没有备用熔丝情况下，紧急时，可以更换对驾驶及安全没有影响的其他设备上的熔丝代替；

❹如果不能找到具有相同电流负荷的熔丝，则可采用比原熔丝额定电流低的代替。

12.3 组合仪表

12.3.1 纯电动汽车组合仪表

（1）外观、结构和位置（图12-3-1）

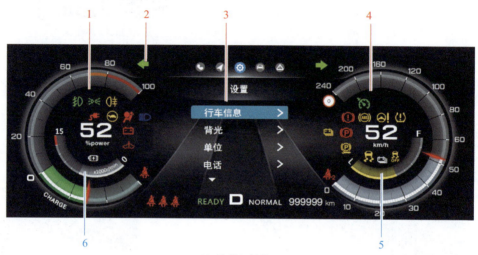

(a) 外观和结构

1—功率表；2—仪表指示灯/报警灯；3—仪表信息显示屏；
4—车速表；5—电量表；6—转速表

(b) 位置

图12-3-1　纯电动汽车组合仪表

组合仪表上指示灯的图标及含义如表12-3-1所示。

表 12-3-1　组合仪表上的指示灯

图标	指示灯	图标	指示灯
←	左转向指示灯	(P)	电子驻车（EPB）故障指示灯
→	右转向指示灯	远光灯	远光灯指示灯
位置灯	位置灯指示灯	READY	行驶准备（READY）指示灯
前雾灯	前雾灯指示灯	I-PEDAL	I-PEDAL 指示灯
后雾灯	后雾灯指示灯	充电插头	充放电枪已连接指示灯
SRS	辅助保护系统（SRS）指示灯	胎压	胎压监测系统（TPMS）指示灯
安全带	主驾驶安全带指示灯	方向盘	电动助力转向（EPS）指示灯
安全带2	副驾驶安全带指示灯	乌龟	降功率指示灯
电池	充电系统报警灯	车身打滑	车身电子稳定系统（ESP）指示灯
电池	电池电量过低指示灯	ESP OFF	车身电子稳定系统关闭（ESP OFF）指示灯
(!)	驻车制动与制动系统指示灯	故障车	整车系统故障指示灯
(P)	电子驻车（EPB）状态指示灯	ABS	防抱死制动系统（ABS）指示灯
(P)	自动驻车（AVH）状态指示灯	定速	定速巡航指示灯

（2）作用

❶ 功率表：功率表指示车辆当前驱动功率大为 100%，指示范围 0～100%。CHARGE 区域表示动能回收的功率。

❷ 车速表：车速表显示车辆当前行驶速度，单位为千米每小时（km/h）。

❸ 电量表：电量表显示当前剩余电量，指示范围为 L～F，其中"L"表示电量空，"F"表示电量满，根据不同电量点亮相应的格数。

❹ 转速表：转速表指示车辆当前电机的转速值，共 10 格（每格表示 1000r/min），指示范围 0～15，其中 0 表示电机转速为 0，15 表示电机转速为 15000r/min。

（3）快速识别方法与技巧

组合仪表安装在汽车仪表板上，一般是在驾驶位正前方，方向盘的前面。

（4）常见故障与处理

纯电动汽车组合仪表常见的故障现象多为组合仪表不工作。

检查方法：车辆可以正常工作，而组合仪表无显示，使用电脑诊断仪读取仪表信息，如果正常，则检查组合仪表的线路，若线路没问题则更换组合仪表。

12.3.2 混合动力汽车组合仪表

（1）外观、结构和位置（图 12-3-2）

(a) 外观和结构

扫一扫

视频精讲

(b) 位置

图 12-3-2 混合动力汽车的组合仪表

（2）作用

混合动力汽车组合仪表显示的相关信息如图 12-3-3 所示。

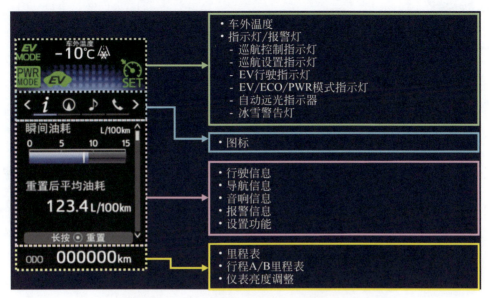

图 12-3-3　混合动力汽车组合仪表显示信息

（3）快速识别方法与技巧

组合仪表安装在汽车仪表板上，一般是在驾驶位正前方，方向盘的前面。

（4）常见故障与处理

混合动力汽车组合仪表常见的故障现象多为不工作。

检查方法：车辆可以正常工作，而组合仪表无显示，使用电脑诊断仪读取仪表信息，如果正常，则检查组合仪表的线路，若线路没问题则更换组合仪表。

12.4　抬头显示系统

（1）外观、结构和位置（图 12-4-1）

抬头显示器显示

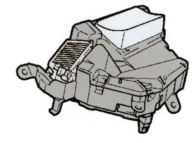

投射显示器总成

(a) 外观

图 12-4-1

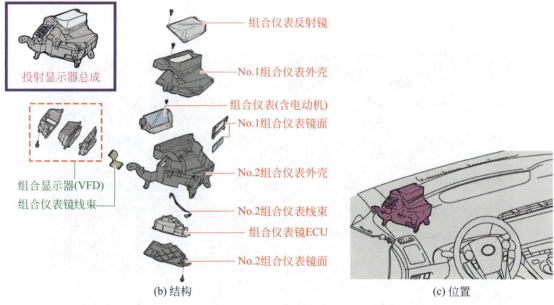

图 12-4-1 抬头显示系统

（2）作用

很多车都会配备抬头显示系统（HUD），其作用如下。

❶ 安全性：抬头显示系统能显示的信息比较少，如果显示太多信息，会影响驾驶员的视线，这样会影响行驶安全性。

❷ 显示屏：有些车甚至会使用一块独立显卡驱动全液晶仪表盘的显示屏，全液晶仪表盘的显示效果更好，能显示的信息也更多。

❸ 投影：可以在前挡风玻璃上投影。

❹ 显示：可以将一些信息在前挡风玻璃上显示出来。

❺ 集中注意力：可以避免驾驶员因为查看这些信息而分散注意力。

（3）快速识别方法与技巧

抬头显示系统一般显示在驾驶员前方玻璃上。

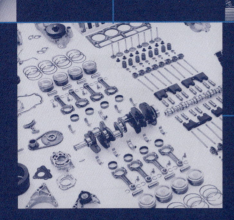

第13章 制冷/暖风系统零部件

13.1 电动空调压缩机

（1）外观、结构和位置（图13-1-1）

扫一扫

视频精讲

用于电驱动的功率和控制电子装置的接口

12V车载电网接口

空调压缩机控制器

制冷剂高压侧接口

制冷剂低压侧接口

(a) 外观

图 13-1-1

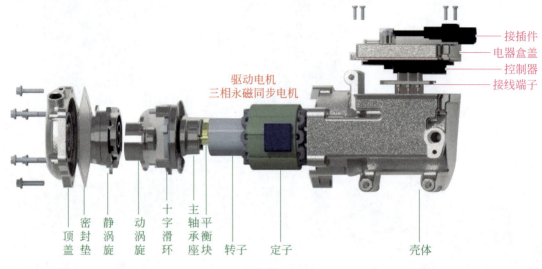

(b) 结构

混合动力汽车

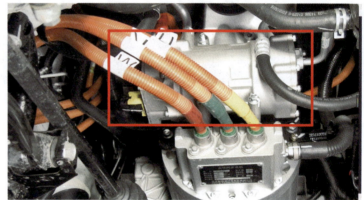

纯电动汽车

(c) 位置

图 13-1-1 电动空调压缩机

（2）作用

电动空调压缩机 V470 是汽车空调系统的核心部件，电动空调压缩机以低压吸入低温气态制冷剂。制冷剂在电动空调压缩机中被压缩，同时提高压力，温度上升。

压缩后的高温气态制冷剂从电动空调压缩机流入阀体，然后根据运行状态流向不同部位。

❶ 制冷运行模式时：流向冷凝器。

❷ 热泵运行模式时：流向用于热泵运行的热交换器。

（3）快速识别方法与技巧

电动空调压缩机安装在发动机缸体支架或驱动电机支架上。

（4）常见故障与处理

❶ 电动空调压缩机泄漏。制冷剂泄漏是空调系统的最常见问题。电动空调压缩机泄漏的部位通常在电动空调压缩机与高低压管的结合处，此处通常因为安装位置的原因，检查起来比较麻烦。空调系统内部压力很高，当制冷剂泄漏时，电动空调压缩机润滑油会随之损失，

这会导致空调系统不工作或压缩机的润滑不良。电动空调压缩机上都有泄压保护阀，泄压保护阀通常是一次性使用的，在系统压力过高进行泄压后，应该及时更换泄压保护阀。

❷ 电动空调压缩机不工作。电动空调压缩机不工作的原因有很多，通常是因为相关电路的问题，确定相关线路正常后，检查电动压缩机是否损坏。

13.2 冷凝器

（1）外观、结构和位置（图13-2-1）

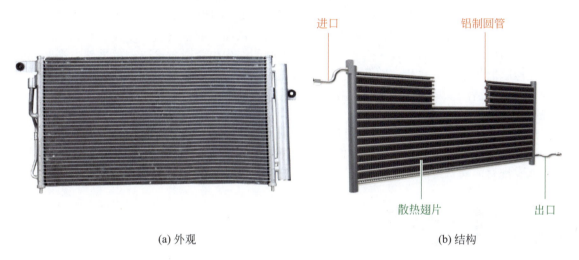

(a) 外观　　　　　　　　(b) 结构

(c) 位置

图 13-2-1　冷凝器

（2）工作原理与作用

冷凝器的作用是将由电动空调压缩机输送过来的高压高温的气体（制冷剂蒸气）冷却成高压高温的液体，就像烧开水一样，水蒸气会在锅盖内侧凝结一层水珠（因为锅盖外表面的

181

温度比水蒸气的温度低很多），通过锅盖向空气中散去大量的热。水蒸气变成水的过程就是冷凝过程，也是一个散热的过程，所以冷凝器就是将制冷剂蒸气冷凝成制冷剂液体的一个器件。因为它要不断地散热，其表面温度比较高，所以汽车空调系统的冷凝器后方一般安装有冷却风扇，采用强制送风的方式辅助冷凝器将热量交换到大气中。

（3）快速识别方法与技巧

冷凝器与冷却液散热器的外形相似，冷凝器安装在冷却液散热器的前面，连接的是空调管（铝管）。

（4）常见故障与处理

冷凝器的常见故障是外部堵塞、损坏泄漏。

❶ 外部堵塞是因为空调冷凝器大多布置在车前部、侧面或车底部，尘土、树叶、飞虫及外来其他异物等很容易聚集在冷凝器散热片之间，从而引起空气流通不畅，导致冷凝器散热不良。另外，地面泥浆溅入，管子和散热片表面的泥尘也会影响冷凝器的散热，泥浆同时易腐蚀冷凝器管子和散热片。因此，冷凝器散热片及盘管必须保持表面清洁，要经常对其表面进行检查和清洗。一般可用软毛刷和自来水清洗冷凝器表面，注意不要弄弯散热片，如果发现散热片倒伏，应加以矫正。

❷ 冷凝器泄漏多是因为撞击或自身质量问题而引起的，而且泄漏部位会有明显的油迹。因为冷凝器承受高温高压，所以对漏洞不宜自行采用焊接方法维修，最好让专业维修人员修理，或发现有泄漏就更换新冷凝器。

13.3 干燥瓶

（1）外观、结构和位置（图13-3-1）

(a) 外观

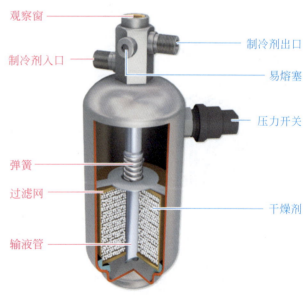

(b) 结构

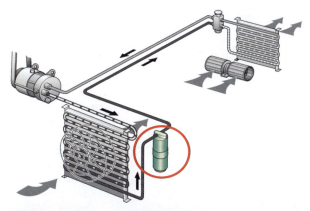

(c) 位置

图 13-3-1　干燥瓶

（2）工作原理与作用

由于汽车空调正常工作时，制冷剂的供应量大于蒸发器的需要量，所以高压侧液态制冷剂有一定的储存量；同时，随着季节的变化，在系统不运行或检修、更换系统内的零件时，可以将系统中的制冷剂收入到高压侧进行储存，以免制冷剂泄漏。因此在汽车空调制冷系统中，需设置储液干燥器用于临时存储冷凝器液化的制冷剂并进行干燥和过滤处理。储液干燥器用于膨胀阀式制冷循环，其具体作用体现在以下三个方面。

❶ 储存制冷剂。接收从冷凝器来的液体并加以储存，根据蒸发器的需要提供所需制冷剂量。

❷ 过滤杂质。将系统中经常会出现的杂质、脏物（如锈迹、污垢、金属粒等）过滤掉，这些杂质不仅会损伤电动空调压缩机气缸壁和轴承，而且会堵塞过滤网和膨胀阀。

❸ 吸收湿气。汽车空调制冷系统中湿气要求越少越好，因为湿气会造成"冰塞"并腐蚀系统管道等，使其不能正常工作。

（3）快速识别方法与技巧

干燥瓶安装在低压管路上，在空调蒸发器和电动空调压缩机吸气管部位，外形多为长圆形。

（4）常见故障与处理

干燥瓶常见的故障是堵塞，其故障现象多为制冷效果差、空调不制冷。

空调系统管路内的杂质或者水分结冰把管路堵死；管路堵死之后，要么制冷效果急剧变差，要么就无法正常制冷。

检查方法：查看干燥瓶顶部的视叶窗，看是否有水雾，如果损坏，空调吹出的风则不是很凉爽。

❶ 干燥瓶堵塞时上部与下部温度不一样，手摸储液器两头接管温度，若温差较大则必须更换。

❷ 系统中产生脏堵、冰堵，必须更换。

❸ 空调因故障停用或已将系统拆开时间较长，必须更换。

❹ 储液器本体有泄漏故障，必须更换。

❺ 储液器压力控制开关失灵，必须更换（压力开关也可单独更换）。

13.4 膨胀阀

（1）外观、结构和位置（图13-4-1）

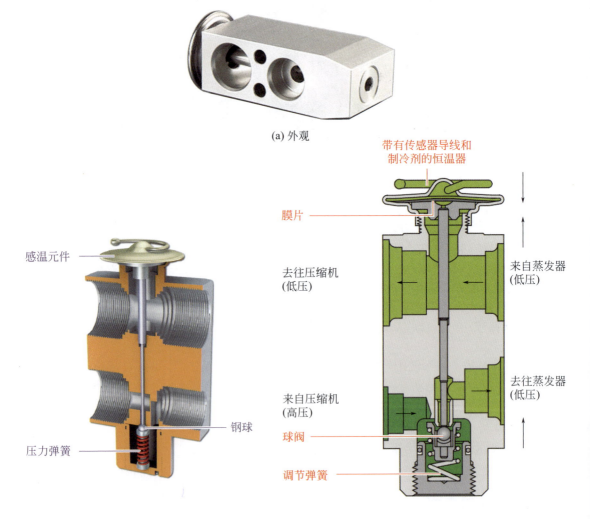

第13章 制冷/暖风系统零部件

(c) 位置

图 13-4-1　膨胀阀

（2）工作原理与作用

制冷剂通过膨胀阀后卸掉压力并进入蒸发器，从而使蒸发器冷却下来，因此膨胀阀就是制冷剂循环管路中高压侧和低压侧的分离点。

膨胀阀可根据蒸发器出口处制冷剂蒸气的温度，来调节去往蒸发器的制冷剂量。

H型热力膨胀阀有四个接口与制冷系统连接，其中两个接口与普通热力膨胀阀相同，一个连接储液干燥器，一个连接蒸发器进口；另外两个接口，一个连接蒸发器出口，一个连接电动空调压缩机进口。感温包直接处在蒸发器出口的制冷剂气流中。该膨胀阀由于取消了F型热力膨胀阀中的感温包、毛细管和外平衡接管，提高了调节灵敏度，结构紧凑，抗震可靠。

（3）快速识别方法与技巧

汽车空调蒸膨胀阀与蒸发器相连，安装于蒸发器的一端，位于蒸发器进口，膨胀阀的一侧连接电动空调压缩机的进、排气管，另一侧连接着蒸发器的进、排气管。

（4）故障处理

膨胀阀出现堵塞或节流作用失效的故障，会造成空调制冷系统不制冷或制冷不足。常见的故障有：

❶ 膨胀阀堵塞，可能是由于干燥剂失效脱落、系统有污物所造成的；

❷ 膨胀阀温度敏感元件或膜片失效，毛细管安装位置松动移位。

检查方法如下：

❶ 将压力表连接到制冷系统中。

❷ 启动发动机，并使其在 1000～2000r/min 的转速下稳定运转。

❸ 在冷凝器前放一个大风扇，以模拟汽车行驶时的气流。

❹ 打开空调制冷开关，并将控制开关调节到最大制冷位置，使系统工作 10～15min。

❺ 观察压力表的示值，低压表压力应为 130～180kPa。如果低压表指示压力过低，则进行下一步检测；如果低压表指示压力过高，则进行第 ❽ 步检测。

❻ 在膨胀阀体上包裹一层暖布（52℃），看低压表示值是否升高。如果压力升高，说明系统内有湿气，应进行除湿操作；如果压力不升高，则进行下一步检测。

❼ 将安装在蒸发器上的感温毛细管拆下并包在暖布中（约52℃），看低压表示值是否升高。如果压力升高，说明感温毛细管安装不当，应重新安装，并重新对系统进行检测；如

185

果压力不升高，则说明膨胀阀已失效或堵塞，需拆检或更换膨胀阀。

❽ 若第 ❺ 步检测中低压表指示压力过高，则从蒸发器中拆下感温毛细管并置于冰水中（接近 0℃），看压力是否降低。

如果压力降低到正常或接近于正常值，则可能是感温毛细管绝热不好或安装位置不当，应重新包扎安装，并重新对系统进行检测。

如果压力不降低，则说明膨胀阀已失效，需更换膨胀阀。

13.5 压力开关

（1）外观、结构和位置（图13-5-1）

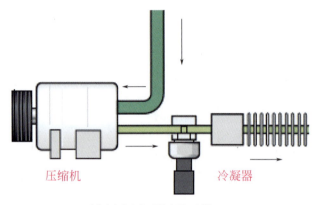

制冷剂压力/温度传感器

(a) 外观

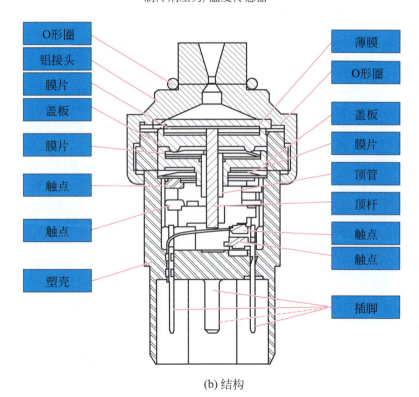

(b) 结构

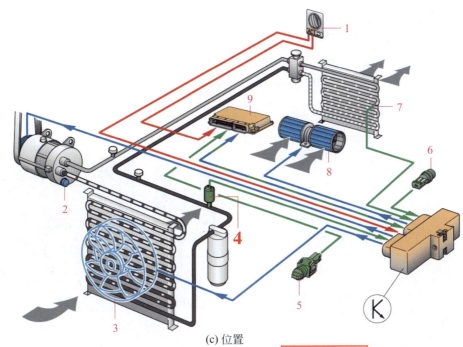

(c) 位置

1—空调开关；2—压缩机上的过压安全阀；3—散热风扇；4—压力开关；5—冷却液温度传感器；
6—散热风扇热敏开关；7—蒸发器温度传感器；8—新鲜空气鼓风机；9—发动机控制单元

图 13-5-1　压力开关

（2）工作原理与作用

压力开关安装在汽车空调制冷剂循环管路中，检测制冷循环系统的压力，当遇到压力异常时会启动相应的保护电路，防止造成系统的损坏。

压力开关起保护作用，防止压力过大，损坏机件。温控开关起恒温作用，达到设定温度就自动停止制冷。

压力开关在下述条件下工作：当压力达到 2.4～3.2MPa 时，该开关通过空调控制单元关闭电磁离合器。例如，冷凝器脏污就可能使得压力达到这种状态。

当压力过低时（0.2MPa），该开关通过空调控制单元关闭电磁离合器。例如，制冷剂泄漏可能导致压力过低。

当压力达到 1.6MPa 时，将风扇切换到更高一挡来工作，以便达到更好的冷凝效果。

（3）快速识别方法与技巧

压力开关可以安装在管路上，或安装在储液罐上。

（4）故障处理

压力开关常见的故障现象多为电动空调压缩机不工作。

检查方法：用万用表欧姆挡测量压力开关的 4M1 与 4M2 端子之间的电阻，电阻应为 0。如果电阻不为 0，则说明压力开关的常闭触点接触不良，需更换压力开关；如果电阻为 0，则进行压力开关的性能检测。

压力开关的性能检测：压力开关在规定压力下的工作情况，如果检测结果不正常，则更换压力开关。

13.6 蒸发器

（1）外观、结构和位置（图13-6-1）

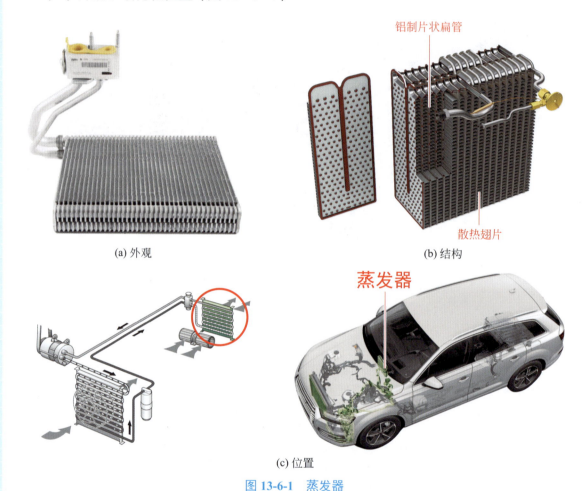

图13-6-1 蒸发器

（2）工作原理与作用

蒸发器是一个热交换器，膨胀阀喷出的雾状制冷剂在蒸发器中蒸发，鼓风机的风扇将空气吹过蒸发器，制冷剂吸收空气中的热量，达到降温制冷的目的。在降温的同时，空气中的水分也会由于温度降低而凝结在蒸发器散热片上，蒸发器还要将凝结的水分排出车外。

（3）快速识别方法与技巧

蒸发器安装在驾驶室仪表台的后面。

（4）常见故障与处理

由于蒸发器位于驾驶室仪表台的后面，所以一般通过空调工作情况判断蒸发器是否存在故障。如果蒸发器出现故障，可能会导致空调运行时带有发霉味道、制冷能力下降或完全不制冷。蒸发器损坏可能由以下原因引起：蒸发器被污染、制冷剂中含有杂质或水分导致蒸发器堵塞以及蒸发器管路泄漏等。

13.7 空调滤清器

（1）外观、结构和位置（图13-7-1）

(a) 外观

(b) 结构

背风面的滤纸纤维稀疏，主要起到固定活性炭夹层的作用

空调滤气流流动方向标志

迎风面的滤纸纤维细密，能有效过滤灰尘

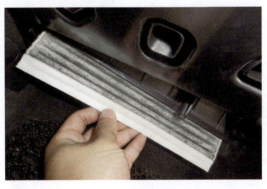
(c) 位置

图 13-7-1　空调滤清器

（2）工作原理与作用

过滤从外界进入车厢内部的空气，可以使空气的洁净度提高，一般的过滤物质是指空气中所包含的杂质，如微小颗粒物、花粉、细菌、工业废气和灰尘等，空调滤清器的作用是防止这类物质进入后破坏空调系统，给车内乘用人员提供良好的空气环境，保护车内人员的身体健康，还可以防止玻璃雾化。

（3）快速识别方法与技巧

空调滤清器：一是在副驾驶座位的手套箱后面；二是在挡风玻璃右下侧。形状一般是正方形或长方形。

（4）常见故障与处理

如果发现空调系统有异常，应综合考虑的因素如下。

❶ 空调的挡位已经开到足够大，但是制冷或制热的出风量很小，可能的原因是使用的

空调滤清器通风效果差，或是空调滤清器使用时间过长，未及时更换。

❷ 空调工作时吹出的风有异味，原因可能是空调系统已过久未使用，内部系统和空调滤清器因受潮发霉。建议清洗空调系统，更换空调滤清器。

❸ 即使刚更换了空调滤清器，开内循环也无法去除来自外界和内部的空气异味，原因可能为使用的是普通型空调滤清器，建议用活性炭系列的空调滤清器。

13.8 调节电机

（1）外观、结构和位置（图13-8-1）

(a) 外观

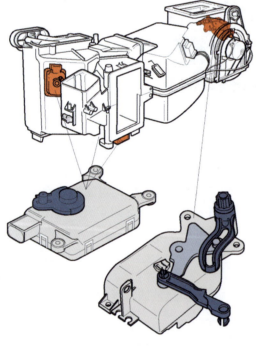
(b) 结构

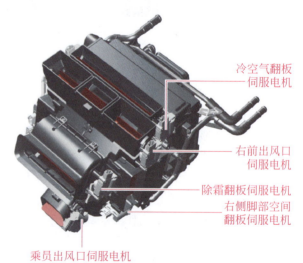
(c) 位置

图13-8-1　调节电机

（2）工作原理与作用

根据用户的需求调整风门的位置。

（3）快速识别方法与技巧

调节电机安装在蒸发箱外壳上，例如右前出风口风门旁边连接的就是该电机。

（4）常见故障与处理

调节电机常见的故障现象为风门不能调节。

检查方法：控制调节电机工作，然后观察其是否有工作的迹象，如果工作则说明调节电机控制臂故障，更换调节电机即可；如果调节电机不工作，则检查相关的电路。

13.9 鼓风机

（1）外观、结构和位置（图13-9-1）

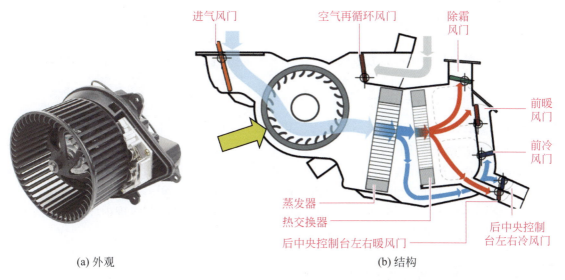

(a) 外观　　　　　　　　　　　　　　(b) 结构

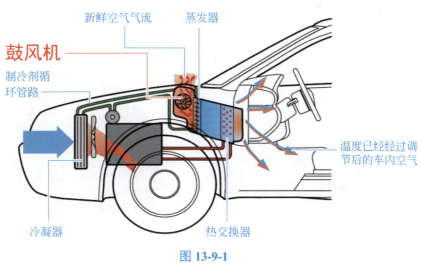

图 13-9-1

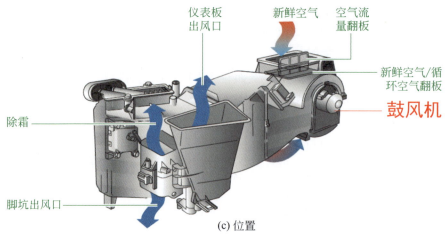

(c) 位置

图 13-9-1 鼓风机

(2) 作用

鼓风机的作用是把空调蒸发箱上面的冷气或者暖水箱的热气吹到车内，简单来说鼓风机的作用就是送风。

汽车空调鼓风机是通过在鼓风机电路中串入不同电阻值的电阻，通过开关控制实现转速控制的。

(3) 快速识别方法与技巧

鼓风机安装在仪表内的蒸发箱壳体内，其上有一个圆形的风叶。

(4) 常见故障与处理

鼓风机能将外部的空气（在内循环模式时是内部空气）提供给蒸发器。蒸发器冷却并干燥这些空气，然后吹到车厢内部。鼓风机不正常工作的表现有：噪声、出风口风速偏小、无风吹出或空调不工作。出现以上故障的原因主要有：鼓风机元件本身物理损坏、电路故障、通风管路故障或受污染等。

13.10 热交换器

(1) 外观、结构和位置（图13-10-1）

(a) 外观

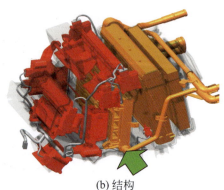

(b) 结构

(c) 位置

图 13-10-1　热交换器

（2）工作原理与作用

冬天车厢内的温度能提供给人体需要的温度。汽车的暖风是来自发动机冷却液的温度，通过热交换器来实现，是冬天取暖除霜用的。

暖风是靠热交换器建立的，而热交换器的热量来自发动机的冷却液。

（3）快速识别方法与技巧

热交换器就是小一号的散热水箱，安装在仪表内的蒸发箱里。

（4）故障处理

热交换器常见的故障是泄漏，其故障现象多为车内有水迹、冷却液液位下降。

检查方法：检查冷却水管是否泄漏，如有泄漏则更换；检查热交换器接头和散热片是否泄漏，如有泄漏则更换。

13.11　高压加热装置

（1）外观、结构和位置（图 13-11-1）

(a) 外观与结构　　　　　　　　　　　(b) 位置

图 13-11-1　高压加热装置

（2）工作原理与作用

高压加热装置（PTC）会加热车内空间的暖风热交换器中的冷却液，这是在电动行驶和温度预调节时进行的。只有当热泵的加热功率不足以加热车内空间时，高压加热装置（PTC）才会投入工作。

车内空间加热回路用于向车内提供热量，它是冷却液回路的组成部分，它与传统车辆加热回路的区别在于额外集成的高压加热装置（PTC）和用于热泵运行的热交换器，这些元件让混合动力汽车即使在较低环境温度下也能够运行，无任何舒适性影响。电动行驶时，车内空间加热回路通过切换阀门而与内燃机的冷却回路断开，这样可以将通过高压加热装置（PTC）和用于热泵运行的热交换器带来的能量提供给车内空间。

（3）快速识别方法与技巧

高压加热装置安装在排水槽中。

（4）常见故障与处理

高压加热装置常见故障为不工作，在线路正常的情况下，更换高压加热装置即可。

13.12 传感器

13.12.1 高压传感器

通电后，高压传感器 G65 产生一个方波信号，这个信号会随着系统的压力变化而变化。下游的控制单元（制冷剂风扇控制单元、发动机控制单元、全自动空调的控制单元 J255 等）根据这个信号计算制冷剂循环回路中的压力。

高压传感器的外观、结构和位置如图 13-12-1 所示。

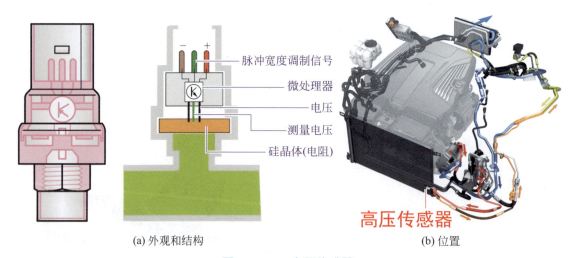

(a) 外观和结构　　(b) 位置

图 13-12-1　高压传感器

13.12.2 制冷剂温度传感器

制冷剂温度传感器（图 13-12-2）是一个热敏电阻，安装在电动空调压缩机和冷凝器之间。制冷剂温度传感器接口没有阀门，它只能在制冷剂循环回路排空时拆卸。全自动空调控制单元对制冷剂温度传感器的信号进行分析。

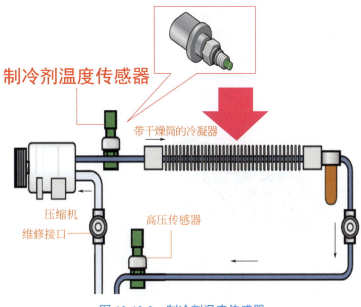

图 13-12-2　制冷剂温度传感器

13.12.3　制冷剂压力 / 温度传感器

制冷剂压力 / 温度传感器（图 13-12-3）位于发动机舱内电动空调压缩机与冷凝器之间的高压管路上，它将制冷剂温度与制冷剂压力信号送到控制单元。

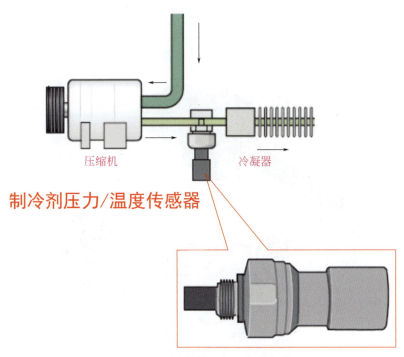

图 13-12-3　制冷剂压力 / 温度传感器

13.12.4 车外温度传感器

车外温度传感器（图 13-12-4）位于车身前部，它用于判断实际的外部温度。控制单元按照这个温度信号来操控温度翻板和新鲜空气鼓风机工作。

车外温度传感器具有自诊断功能，如果温度信号失效的话，会使用另一个温度传感器（新鲜空气进气道温度传感器）的测量值来取代。如果后者也失效了，那么系统用 10℃ 这个替代值继续工作，但这时循环空气模式则不能使用。

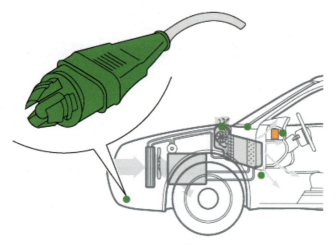

图 13-12-4　车外温度传感器

13.12.5 新鲜空气进气道温度传感器

新鲜空气进气道温度传感器（图 13-12-5）位于新鲜空气进气道中，该传感器实际就是外部实际温度的第二个测量点。

控制单元按照这个温度信号来操控温度翻板和新鲜空气鼓风机工作。

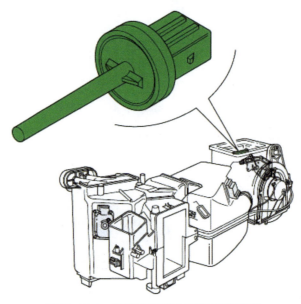

图 13-12-5　新鲜空气进气道温度传感器

13.12.6 日照光电传感器

日照光电传感器（图 13-12-6）安装在仪表板除霜通风口之间的一个黑色塑料滤光器下面，阳光透过滤光器照射下来，该传感器检测日照的强度与方向。

日照光电传感器 G107 由 2 个光电传感器组成。传感器探测车厢内的光照情况，向全自动空调控制单元 J255 发送电压值信号，以便对驾驶员区和副驾驶员区进行分区温度调节。

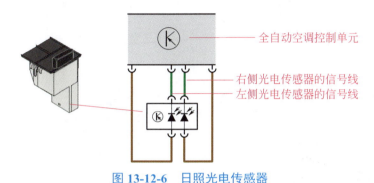

图 13-12-6　日照光电传感器

13.12.7 蒸发器温度传感器

蒸发器温度传感器（图 13-12-7）插在蒸发器后面的空调系统中，并检测蒸发器下游的空气温度。使用此信号，Climatronic 控制单元可以按照乘客的要求精确地调节电动空调压缩机的输出。电动空调压缩机在 -1～0℃时关闭，在约 3℃时接通，这样可防止冷凝水结冰。

13.12.8 空气湿度传感器

各种测试方法表明，尤其是在外界温度很低的情况下，挡风玻璃上部的 1/3 会变得非常冷，因而容易起雾。为了能测量到该区域，空气湿度传感器（图 13-12-8）安装在后视镜的根部。

在车内空气中的水蒸气在挡风玻璃上结雾之前，电动空调压缩机功率和风扇转速会自动提高，除霜翻板会进一步打开。之后，干燥空气流经蒸发器和热交换器，从除霜出风口吹出，吹向挡风玻璃和侧窗玻璃。

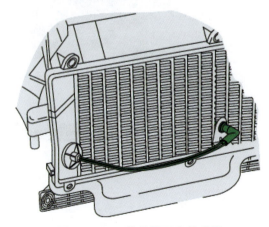

图 13-12-7　蒸发器温度传感器

图 13-12-8　空气湿度传感器

13.13 通风系统

（1）外观、结构和位置（图13-13-1）

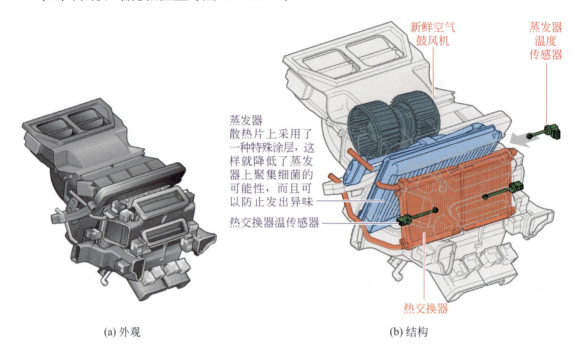

(a) 外观　　　　　(b) 结构

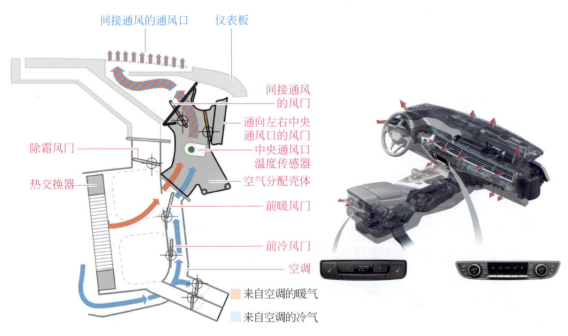

(c) 位置

图13-13-1　通风系统

(2) 工作原理与作用

新鲜空气鼓风机引导新鲜空气流经灰尘与花粉滤清器后送至蒸发器。通风分配如图 13-13-2 所示。流出蒸发器后,气流在空调中首次被分流:较大的气流流经热交换器,较小的气流越过热交换器送给空调中的冷风门。

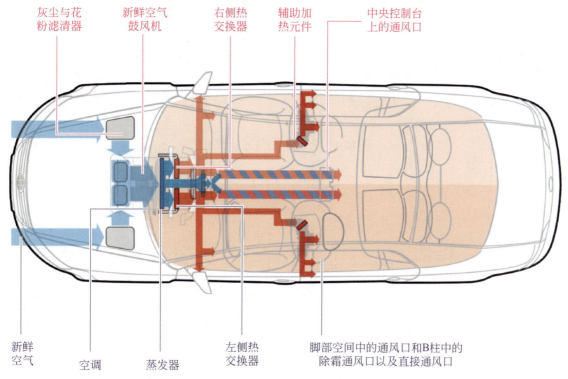

图 13-13-2　通风分配

两个并排的热交换器设计可以产生左右两股气流给车内通风。用于车内左右两部分的两股气流温度主要由前排座椅处的温度设置确定。

流出热交换器后,空调和仪表板上的电动机驱动风门,进一步向各个独立通风口分配气流。

在此过程中,B 柱通风口和后部脚部空间通风口出来的空气可以用辅助加热元件加热。

(3) 快速识别方法与技巧

汽车空调的通风系统主要由空调滤芯、鼓风机、通风管路、气源门(用于切换内、外循环)、温度门(用于调整出风温度)、风向转换门以及控制面板等组成。通风系统安装在车内仪表内。

(4) 常见故障与处理

常见的故障主要有两个:风道异味、出风量异常。

在图 13-13-3 (a) 所示的空调通风系统布置形式中,如果空调滤芯堵塞,在开启内循环时,出风量是可以保证的,而开启外循环时,通风则受阻。

在图 13-13-3 (b) 所示的空调通风系统布置形式中,只要空调滤芯堵塞,无论开启内循环还是外循环,通风均受阻。可见,过脏的空调滤芯是造成空调出风量小的罪魁祸首,同时,它也是引发风道滋生霉菌、产生异味的原因之一。

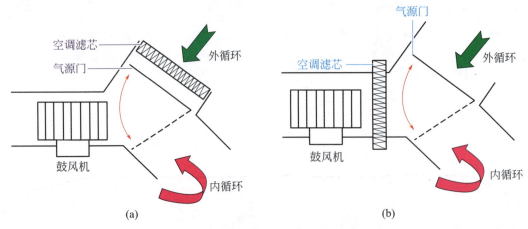

图 13-13-3　通风系统设计类型

第14章 车身系统零部件

14.1 电动门窗

（1）外观、结构和位置（图14-1-1）

(a) 外观

图 14-1-1

1—驾驶员车门侧窗玻璃；
2—车门结构；
3—车门外侧面板；
4—车门锁；
5—车门外侧拉手机械装置；
6—旋锁；
7—自动软关功能；
8—侧面碰撞保护装置；
9—车门止动器；
10—轻型结构支架；
11—螺旋弹簧；
12—固定带；
13—埋头螺钉；
14—滑动元件

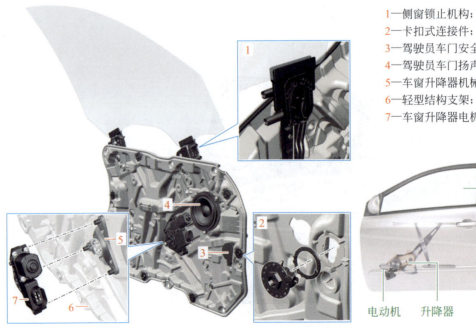

1—侧窗锁止机构；
2—卡扣式连接件；
3—驾驶员车门安全气囊传感器；
4—驾驶员车门扬声器；
5—车窗升降器机械机构；
6—轻型结构支架；
7—车窗升降器电机

(b) 结构

(c) 位置

图 14-1-1　电动门窗

（2）工作原理与作用

控制开关一般有两套：一套为总开关，装在仪表盘或驾驶员侧的车门上，这样驾驶员就可以控制每个车窗的升降；另一套为分开关，分别安装在每个车窗上，这样乘客也可以对各个车窗进行升降控制。由于所有车窗的电动机都要通过总开关搭铁，所以如果总开关断开，分开关就不起作用。

升降器是电动车窗的核心部件，它带动车窗玻璃的升降。

当接通点火开关后，门窗继电器触点闭合，电动门电路与电源接通，将组合开关或分开关与"上"位接通，电流流进车窗电动机，电动机旋转带动升降器，使门窗玻璃上升；将组合开关或分开关与"下"位接通，流进车窗电动机的电流改变方向，电动机的旋转方向因而改变，升降器带动门窗玻璃下降。当门窗玻璃上升或下降到终点时，断路开关切断一段时间，然后恢复到接通状态。

（3）快速识别方法与技巧

电动门窗所有的零部件都安装在车门上。

（4）常见故障与处理

车窗不升降是常见问题，在检测过程中，应遵循故障诊断原则与排除思路，进行所有可能原因的分析。当发现电动车窗不升降时，主要的故障原因可能有：电动车窗电路故障；电动车窗开关故障；电动机故障。

14.2　电动座椅

（1）外观、结构和位置（图14-2-1）

（2）工作原理与作用

电动座椅又称自动座椅，是指以电动机为动力，通过传动装置和执行机构来调节座椅的各种位置，使驾驶员或乘员乘坐舒适的座椅。

（3）快速识别方法与技巧

电动座椅的操纵机构均安装在座椅内部。

(a) 外观

1—头枕高度调节;
2—靠背上部调节;
3—靠背倾斜度调节;
4—靠背宽度调节;
5—座椅纵向调节;
6—座椅高度调节;
7—座椅倾斜度调节;
8—坐垫前后调节;
9—腰部支撑;
10—头枕和侧部调节(机械方式)

1—内部靠背气垫(按摩);
2—肩部气垫(按摩);
3—腰椎气垫(按摩);
4—腰部支撑气垫;
5—座椅表面气垫(按摩);
6—座椅气动模块泵;
7—座椅气动模块(控制单元和阀体)

第 14 章　车身系统零部件

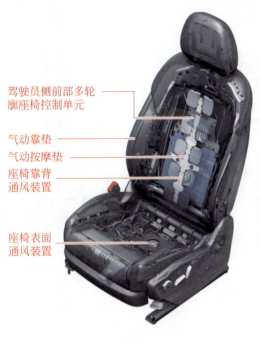

驾驶员侧前部多轮廓座椅控制单元
气动靠垫
气动按摩垫
座椅靠背通风装置
座椅表面通风装置

驾驶员座椅调节开关

前排座椅

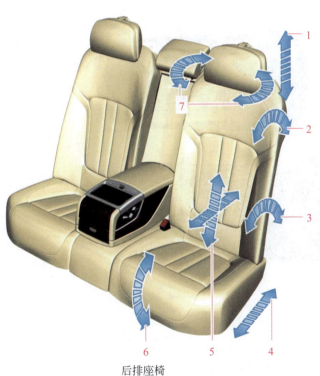

后排座椅

座椅电动机

1—头枕高度调节；2—靠背上部调节；3—靠背倾斜度调节；
4—座椅纵向调节；5—腰部支撑；6—座椅倾斜度调节；
7—头枕和侧部调节(机械方式)

图 14-2-1

205

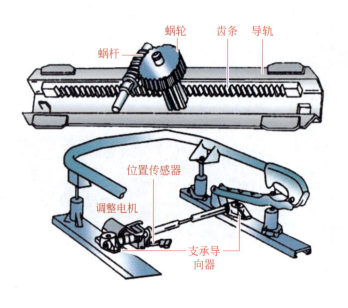
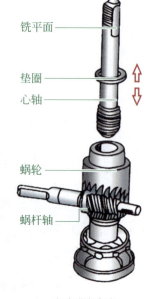

纵向调整机构　　　　　　　　高度调整机构

(b) 结构

(c) 位置

图 14-2-1　电动座椅

（4）故障处理

电动座椅常见故障有：完全不动作或某个方向不能动作。

❶ 电动座椅完全不动作的主要原因有：熔断器断路；线路断路；座椅开关有故障等。可以首先检查熔断器是否断路，若熔断器良好，则应检查线路连接是否正常，最后检查开关。

❷ 电动座椅某个方向不能工作的主要原因：该方向对应的电动机损坏，开关、连接导线断路。可以先检查线路是否正常，再检查开关和电动机。

14.3 电动后视镜

（1）外观、结构和位置（图14-3-1）

图 14-3-1　电动后视镜

（2）工作原理与作用

电动后视镜是汽车重要的安全部件，若其无法调节，将使驾驶员不能清楚地观察到车辆后方状况，影响行车安全。

（3）快速识别方法与技巧

电动后视镜的背后装有两套电动机和驱动器，可操纵反射镜上下及左右转动。通常上下方向的转动用一个电动机控制，左右方向的转动用另一个电动机控制。通过改变电动机的电流方向，即可完成后视镜的上下及左右调整。每个电动后视镜都有一个独立控制开关，开关杆可多方向移动，可使一个电动机工作或两个电动机同时工作。

（4）故障处理

造成电动后视镜无法调节的主要故障原因如下。

❶ 熔断器故障。通过电路图可知，熔断器控制两侧的电动后视镜，如果熔断器熔断，两侧的后视镜均无法调节。

❷ 后视镜电机电路搭铁不良。后视镜搭铁不良，主要指后视镜的搭铁线连接处有松动或腐蚀。

❸ 后视镜开关损坏。后视镜开关是后视镜系统的控制部件。开关的常见故障有触点开关故障和机械故障。对于触点接触不良故障，则需要对开关中的电路进行进一步测试。开关机械故障一般为开关插接器断裂等故障。

❹ 后视镜电动机损坏。后视镜之所以可以上下左右调节，主要是由于后视镜内的两个调节电机通电之后的运动而实现的，所以调节电机的烧坏和损坏会直接影响到后视镜是否可以正常调节。一般情况下，确定是后视镜电机的问题后，通常是更换后视镜调节电机总成。

14.4 雨刮机构

（1）外观和结构（图14-4-1）

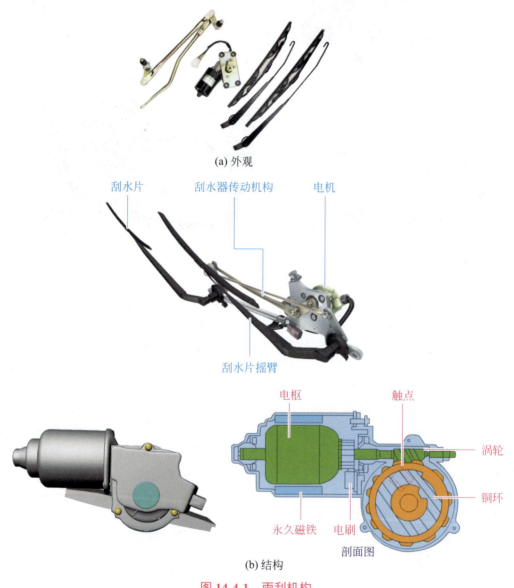

图14-4-1 雨刮机构

（2）工作原理与作用

为了保证雨、雪天时驾驶员有良好的视线，汽车上都装有刮水器。

通过控制刮水器开关，可实现刮水器的停机复位、低速运转、高速运转、间歇运转、间歇控制和喷水器工作。

（3）快速识别方法与技巧

雨刮器安装以车辆前部，在前围板内。

（4）常见故障与处理

当发现雨刮器不工作时，主要的故障原因可能有：

❶ 熔断器断路；
❷ 雨刮器开关损坏；
❸ 雨刮器电动机烧毁；
❹ 机械传动部分连接处锈蚀或松脱；
❺ 控制线路有断路或短路。

14.5 电动天窗

（1）外观、结构和位置（图14-5-1）

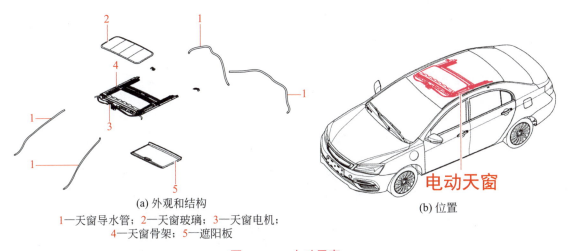

(a) 外观和结构
1—天窗导水管；2—天窗玻璃；3—天窗电机；
4—天窗骨架；5—遮阳板

(b) 位置

图 14-5-1　电动天窗

（2）功能与作用

系统由天窗控制模块、天窗开关、带压力传感器和限位传感器的天窗电机、天窗和天窗遮阳板组成。

❶ 手动操作：电动天窗由位于前顶灯区域的天窗开关操作。当把天窗开关按至某一位置时，将发送信息至天窗控制模块，指示模块将控制电机执行相应运转，以将天窗玻璃滑至请求的位置。维持按键 40～500ms，玻璃将一直移动，直到按键释放。

❷ 快速操作：快速操作模式允许天窗自动开启或关闭，而不需要一直保持开关按下，此功能在开关信号超过 500 ms 时激活，并且此模式在滑动和翻转操作中都可以用。

❸ 软停止：当玻璃滑动打开时，将停在位于完全打开位置之前的一个预设的位置，此预设位置用于减少风振。

当玻璃停在此位置时，使用者可以继续通过天窗开关操控天窗至完全打开位置。

❹ 防夹功能：当关闭天窗时受到阻碍，天窗将返回距离正常关闭位置200mm处，此功能在快速滑动关闭和翻转功能时才有效。

❺ 初始化：当天窗的初始位置失效时，可以通过初始化设置来执行。

在完全翻转位置时，按住翻转开关超过5s，天窗将执行初始化操作。

❻ 睡眠模式：当天窗电机停止转动30s后，并且没有进行打开或关闭操作时，天窗将进入休眠模式以减少电能的消耗。

当按下打开或关闭天窗开关时，天窗将自动被唤醒。

（3）快速识别方法与技巧

天窗总成安装在车辆顶部。

（4）常见故障与处理

常见故障为天窗不工作、天窗开关损坏、熔丝熔断、天窗电机损坏、线路故障等。

第15章 安全气囊系统零部件

15.1 驾驶侧安全气囊

（1）外观、结构和位置（图15-1-1）

（2）作用

在意外发生的瞬间可以有效保护驾驶员的头部和胸部，因为正面发生的猛烈碰撞会导致车辆前方大幅度变形，而车内乘员会随着这股猛烈的惯性向前俯冲，造成与车内构件的相互撞击。另外，车内驾驶位置的安全气囊可以有效防止在发生碰撞时方向盘顶到驾驶者的胸部，避免致命的伤害。

(a) 外观

图 15-1-1

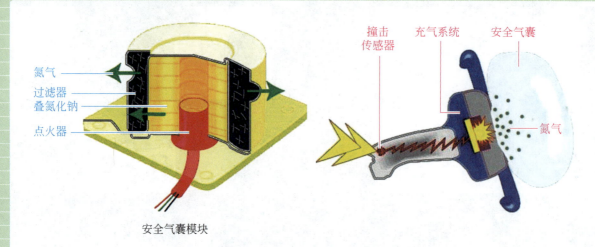

安全气囊模块

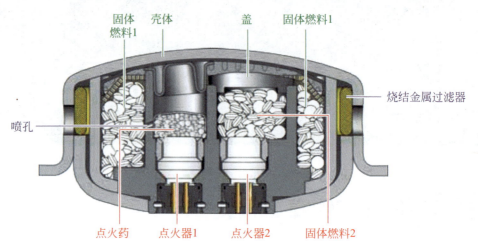

气体发生器

(b) 结构

(c) 位置

图 15-1-1　驾驶侧安全气囊

（3）快速识别方法与技巧

驾驶侧安全气囊安装在方向盘的中间位置，在装有安全气囊系统的容器外部都印有"Supplemental Inflatable Restraint System"（简称 SRS）的字样。

15.2 副驾驶侧安全气囊

（1）外观、结构和位置（图15-2-1）

(a) 外观

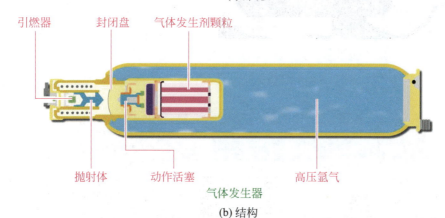

(b) 结构

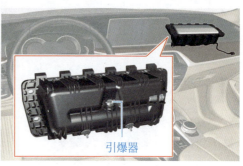

(c) 位置

图 15-2-1　副驾驶侧安全气囊

（2）工作原理与作用

在意外发生的瞬间可以有效保护副驾驶位乘员的头部和胸部，因为正面发生的猛烈碰撞会导致车辆前方大幅度变形，而车内乘员会随着这股猛烈的惯性向前俯冲，造成与车内构件的相互撞击，避免致命的伤害。

（3）快速识别方法与技巧

副驾驶侧安全气囊在乘客位的正前方仪表中间位置，在装有安全气囊系统的容器外部都印有"Supplemental Inflatable Restraint System"（简称SRS）的字样。

15.3 头部安全气囊

（1）外观、结构和位置（图15-3-1）

图15-3-1 头部安全气囊

（2）工作原理与作用

头部安全气囊也叫侧气帘，在碰撞时弹出遮盖车窗，以达到保护乘客的目的。一般情况下，大多数的头部气囊都是前后贯通式，只有少数品牌仅有前排头部气囊。后排头部气囊是安装在后部车顶处的安全气囊系统，是用来保护后排座椅乘客的被动安全配置。需要注意的是气囊只有与安全带配合起来，才能使乘客在重大事故中得到最好的保护。

（3）快速识别方法与技巧

头部安全气囊安装在车内顶棚两侧。

15.4 气囊螺旋弹簧

（1）外观、结构和位置（图15-4-1）

(a) 外观

(b) 结构

(c) 位置

图 15-4-1 气囊螺旋弹簧

（2）工作原理与作用

气囊螺旋弹簧为与方向盘一起转动的电子部件，用于连接气囊线束和车身线束。

（3）快速识别方法与技巧

气囊螺旋弹簧安装在转向柱开关和方向盘之间的转向柱上。

（4）常见故障及解决办法

气囊螺旋弹簧常见的故障现象为气囊灯长亮。

应检查安全气囊系统插接件及触点单元（即螺旋弹簧线圈）的电阻值（标准值为1Ω）。若不正常，则应更换。

15.5 安全气囊控制单元

（1）外观、结构和位置（图15-5-1）

(a) 外观　　(b) 结构　　(c) 位置

图 15-5-1　安全气囊控制单元

（2）工作原理与作用

安全气囊控制单元内集成有电子装置，这些电子装置的任务就是获取车辆减速度和车辆加速度信息，并判定是否需要激活保护系统。

在车辆发生事故时，用于获取车辆减速度和车辆加速度信息的不只是安全气囊控制单元内集成的传感器，还有外部传感器。只有在分析了所有传感器的信息后，安全气囊控制单元内的电子装置才能判断是否要触发安全部件、什么时间触发以及触发哪些安全部件。根据事故的类型以及严重程度，可能只触发安全带张紧器，也可能让安全带张紧器与安全气囊一起触发。

（3）快速识别方法与技巧

安全气囊控制单元一般都在排挡杆前面或者排挡杆下面。

（4）常见故障及解决办法

安全气囊控制单元常见的故障现象多为气囊灯点亮。检查方法：

❶ 连接电脑诊断仪，读取气囊控制单元故障码；

❷ 检查气囊控制单元的供电、搭铁和网线是否正常，如果正常则更换气囊控制单元。如不正常，则修复损坏的线路。

15.6 安全带张紧器

（1）外观、结构和位置（图15-6-1）

(a) 外观

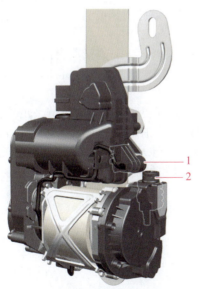

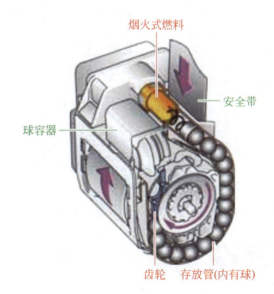

1—自动拉紧器引爆器接口；
2—自适应带力限制器引爆器接口

(b) 结构

图 15-6-1

(c) 位置

1—安全带锁扣；2—自动拉紧器

图 15-6-1　安全带张紧器

（2）工作原理与作用

预紧式安全带的特点是当汽车发生碰撞事故的一瞬间，乘员尚未向前移动时它会首专先拉紧织带，立即将乘属员紧紧地固定在座椅上，然后锁止织带防止乘员身体前倾，有效保护乘员的安全。预紧式安全带中起主要作用的卷收器与普通安全带不同，其除了具有普通卷收器的收放织带功能外，还可在车速发生急剧变化时加强对乘员的约束力，因此它还有控制装置和预拉紧装置。

预紧限力式安全带的工作原理是通过安全气囊 ECU 发出一个预紧点火信号，预紧器内的火药燃烧产生高压气体作为卷曲动力，消除安全带与人体之间的间隙。目前预紧限力式安全带已经在中高端车型当中广泛使用。

预卷式预紧限力式安全带的工作原理是通过雷达感应装置感应车辆与前车的间距，如果间距小于某一设定值，其 ECU 发出信号控制电机运动，消除安全带与人体之间的空隙，并且提醒驾驶员紧急制动或者进行应急处理。这种安全带涉及很多主动安全相关的装置（例如探测雷达、计算程序等），因此其整体价格非常昂贵，目前只在一些高端车型上使用。

（3）快速识别方法与技巧

安装在每个座位靠车架的一侧。

15.7　膝部安全气囊

（1）外观、结构和位置（图 15-7-1）

（2）工作原理与作用

膝部安全气囊用于降低乘员在二次碰撞中车内饰对乘员膝部的伤害，不仅可以缓冲腿部

(a) 外观

(b) 结构

(c) 位置

图 15-7-1　膝部安全气囊

受到的冲击，还可以进一步控制撞击中的身体移动，这意味着头部或上半身受伤的可能性被同步降低。

（3）快速识别方法与技巧

膝部安全气囊安装在仪表的下方，座椅的正前方。

15.8 侧面安全气囊

（1）外观、结构和位置（图15-8-1）

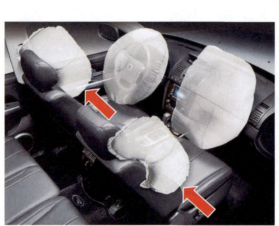

(a) 外观

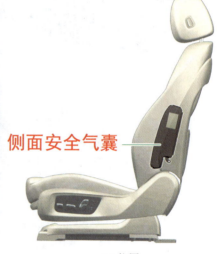

(c) 位置

(b) 结构

图 15-8-1　侧面安全气囊

（2）工作原理与作用

触发时侧面安全气囊从靠背框架中向外弹出，并在侧面结构与乘员之间展开。

在汽车发生严重的侧面碰撞或者翻滚的时候，会迅速充气弹出，在驾乘人员与车门、B柱之间形成一个气垫，以保护车内驾乘人员的腰部、腹部、胸部外侧以及胳膊等免受伤害，保证身体上肢的活动能力和逃生能力。

（3）快速识别方法与技巧

侧面安全气囊和气体发生器位于一个塑料壳体即安全气囊模块内，安装在前座椅靠背内座套下。

15.9 传感器及开关

（1）横向和纵向加速度传感器

横向和纵向加速度传感器（图15-9-1）可为识别正面碰撞、侧面碰撞和尾部碰撞提供支持。

安全气囊传感器由一个纵向和一个横向加速度传感器组成，分别测量 X 方向和 Y 方向的正加速度及负加速度，由 X 和 Y 信号提供的信息是识别碰撞方向的重要因素。安全气囊传感器可在识别正面、侧面和尾部碰撞时提供支持。左侧和右侧安全气囊传感器的结构相同，安装时通过机械设码方式确定。

（2）车门安全气囊传感器（压力）

车门安全气囊传感器（图15-9-2）可为识别侧面碰撞提供支持。发生侧面碰撞时，除横向加速度值外，车门空腔内的压力也会提高。

图 15-9-1　横向和纵向加速度传感器

图 15-9-2　车门安全气囊传感器（压力）

车门安全气囊传感器用于在识别侧面碰撞时验证 B 柱内安全气囊传感器以及高级碰撞和安全模块的加速度信号可信度。安全气囊传感器位于车门内板上，用于测量发生侧面碰撞时的压力增值。发生撞向车门的侧面碰撞时，外部面板被向内挤压。因此造成车门内部空间减小且内部压力增高。安全气囊传感器负责测量这种压力变化。除压力传感器外，安全气囊传感器内还装有一个电子装置，用于将压力值转化为数字信号并以周期形式发送给高级碰撞和安全模块 ACSM。其数据传输方式与 B 柱内的安全气囊传感器相似。在高级碰撞和安全模块 ACSM 内对压力值进行分析。

（3）安全气囊前部传感器

左侧和右侧前端传感器可为识别正面碰撞提供支持。

安全气囊前部传感器（图15-9-3）向高级碰撞和安全模块 ACSM 提供有关碰撞过程及严重程度的附加信息。该传感器由用于测量减速度的加速度传感器、信号处理装置和用于传输数据的电子装置组成。测量值以数据电码形式传输至高级碰撞和安全模块 ACSM 并用于算法计算。

（4）带传感器的压力软管

与一个加注空气的压力软管两端连接的两个压力传感器构成了主动式发动机室盖的传感器系统。压力软管集成在保险杠支架和碰撞缓冲块之间（图15-9-4）。

施加在压力软管上的作用力使其压缩。压力传感器测量压力增大情况并产生特性信号。这些信号通过数据导线传输至高级碰撞和安全模块 ACSM。高级碰撞和安全模块 ACSM 根据这些数据确定是否达到或超过与行人发生碰撞的识别限值并据此做出发动机室盖燃爆式执行机构的触发决定。

图 15-9-3　安全气囊前部传感器

图 15-9-4　带传感器的压力软管

（5）ACSM 内的传感器

中央传感器系统集成在高级碰撞和安全模块 ACSM 内（图15-9-5）。高级碰撞和安全模块 ACSM 有一个纵向和横向加速度传感器、一个垂直加速度传感器和一个滚动速率传感器，用于识别碰撞。此外高级碰撞和安全模块 ACSM 还各有一个纵向和横向加速度传感器以及一个横摆率传感器，用于调节行驶动力。

用于识别碰撞的传感器数据在高级碰撞与安全模块 ACSM 内进行分析，为识别侧面、尾部或正面碰撞以及识别翻车情况提供支持。用于调节行驶动力的尚未进行分析的传感器数据通过 Flexray 发送至 DSC 控制单元并在此进行处理。

（6）安全带锁扣开关

安全带锁扣开关（图15-9-6）位于驾驶员和前乘客座椅的安全带锁扣内。在带有欧规专用选装配置的车辆上也装有后座椅安全带锁扣开关。

安全带锁扣开关识别安全带锁舌是否在安全带锁扣内。由高级碰撞和安全模块 ACSM 为传感器供电并分析传感器数据。从行驶准备状态起，系统持续监控安全带锁扣开关，并将开关信号用于视觉和声音安全带警告以及确定需要触发的乘员保护系统。

（7）前乘客安全气囊关闭开关

在带有前乘客安全气囊关闭装置的车辆上，使用前乘客安全气囊关闭开关（图15-9-7）来手动停用前乘客侧的前部和侧面安全气囊。

通过机械钥匙以手动方式操作前乘客安全气囊关闭开关。由一个霍尔传感器探测开关位置。由高级碰撞和安全模块 ACSM 分析传感器数据并为传感器供电。

图 15-9-5　ACSM 内的传感器

图 15-9-6　安全带锁扣开关

图 15-9-7　前乘客安全气囊关闭开关

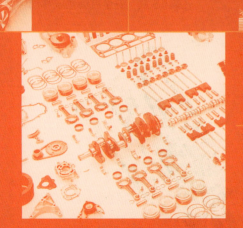

第16章 驾驶辅助系统零部件识别、作用及工作原理

16.1 定速巡航控制系统

定速巡航控制系统（图 16-1-1）也称为"动态定速巡航控制系统"（DCC）。在车流量较少的道路上，动态定速巡航控制系统（DCC）可不受行驶阻力（上坡、下坡行驶和车辆负荷）干扰，通过保持车速恒定来减轻驾驶员的负担，但是仍由驾驶员负责车辆转向。驾驶员可以随时通过制动或加速接管 DCC 功能（图 16-1-1）。

由以下零部件组成：

1—用于调节自身车辆与前方车辆车距的按钮(增大车距)；
2—用于启用或停用具有停车和起步功能的主动定速巡航控制系统的按钮；
3—用于更改设置车速的翘板按钮；
4—用于启用或停用限速功能的按钮；
5—用于调节自身车辆与前方车辆车距的按钮(减小车距)；
6—用于调出一个已存储设置车速/临时关闭定速巡航控制系统的按钮

(a) 操控开关

第 16 章　驾驶辅助系统零部件识别、作用及工作原理

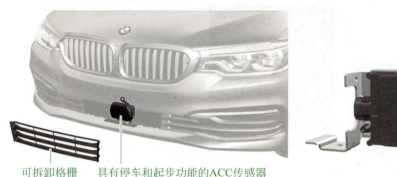

(b) ACC 前部雷达传感器安装位置　　　　(c) ACC 前部雷达传感器

图 16-1-1　定速巡航控制系统组成

16.2　碰撞警告系统

　　碰撞警告系统包括大家已熟知的带城市制动功能的碰撞警告系统和带城市制动功能的行人警告系统。

　　在带有选装配置、具有停车和起步功能的主动定速巡航控制系统（SA 5DF）的车辆上，也使用定速巡航控制系统的雷达传感器来控制碰撞警告系统。

　　在可能存在碰撞危险的情况下系统会向驾驶员发出警告。在此首先通过视觉信号发出预警，提示驾驶员注意相关情况。情况进一步恶化时，通过视觉和声音信号发出严重预警。警告设计方案为，驾驶员迅速采取行动尚可避免发生碰撞。

　　显示说明如下。

预警（图 16-2-1）：

❶ 车辆符号以红色亮起；

❷ 增大车距，必要时制动。

严重警告（图 16-2-2）：

❶ 车辆符号以红色闪烁并发出声音信号；

❷ 要求通过制动器进行干预，必要时避让绕行。

图 16-2-1　预警　　　　　　　　　　图 16-2-2　严重警告

严重警告（图 16-2-3）：

❶ 行人符号以红色闪烁并发出声音信号；

❷ 要求通过制动器进行干预，必要时避让绕行。

图 16-2-3　严重警告

可在中央信息显示屏 CID 中的"智能型安全系统"菜单内配置碰撞警告系统的预警时刻（图 16-2-4）。

图 16-2-4　智能型安全按钮

16.3 车道偏离警告系统

车道变更警告系统可识别出自身车辆变更车道可能会发生危险的交通情况。例如远处车辆快速从后方驶近本车或车辆位于死角区域时，就会出现这种交通情况。

车道变更警告系统 SWW 控制单元（雷达传感器）位于后保险杠下方（图 16-3-1）。

图 16-3-1　雷达传感器安装位置

车道变更警告系统主控单元位于右侧，副控单元位于左侧。

识别出车辆且启用系统时，通过车外后视镜内的相应显示告知驾驶员情况。通过在进行车道变更操作前发出信号可使驾驶员充分做好车道变更准备，从而及时避免危险情况。

在车外后视镜玻璃上进行车道变更警告系统显示（图16-3-2）。

图16-3-2　车外后视镜玻璃内的信号单元（LED）

组合仪表显示：

❶ 系统已启用，不满足警告前提条件（图16-3-3）。

❷ 已识别出至少一条车道分界线，可发出警告（图16-3-4）。

 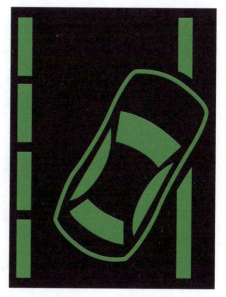

图16-3-3　不满足警告前提条件　　　　图16-3-4　可发出警告

16.4　侧面碰撞警告系统

侧面碰撞警告系统是带主动式侧面碰撞保护功能的车道保持辅助系统的组成部分。带主动式侧面碰撞保护功能的车道保持辅助系统包含在选装配置高级行驶辅助系统内，不单独提供侧面碰撞警告系统。侧面碰撞警告系统支持驾驶员避免发生侧面碰撞。

四个雷达传感器监控车辆旁边区域，可在任何光线条件工作，并且在最大程度上不受天气变化影响。

出现碰撞危险时，车外后视镜内的相应显示（根据方向，左侧或右侧）以较高强度闪烁且方向盘开始振动。

后部雷达传感器是车道变更警告系统 SWW 传感器。

此外针对前部侧面碰撞警告系统也使用两个雷达传感器（图 16-4-1）。

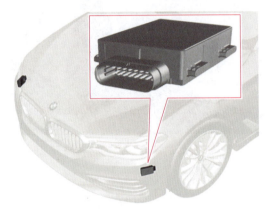

图 16-4-1　前部雷达传感器

示例：在 70～210km/h 车速范围内进行辅助性转向干预。转向干预可通过方向盘感知，但驾驶员可随时对其进行手动控制。

发生侧面碰撞危险时带主动转向干预的侧面碰撞警告系统如图 16-4-2 所示。

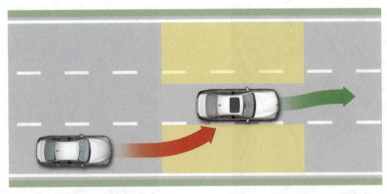

图 16-4-2　发生侧面碰撞危险时带主动转向干预的侧面碰撞警告系统

16.5　错误行驶警告系统

错误行驶警告系统可在交通情况或道路走向较为混乱时为驾驶员提供支持，例如驶入高速公路上或交通环岛内时。该系统也能够在市内区域将单行道识别为这种情况。

如果驾驶员无意间走到错误道路上，这使得该驾驶员成为危险的"方向错误驾驶员"，在此错误行驶警告系统借助禁止驶入标志牌识别这种情况，然后同时发出视觉和声音警告。

视觉警告在组合仪表内或在平视显示屏内实现，同时以符号（禁止驶入标志牌）以及文本（"检查行驶方向"）的形式显示出来（图16-5-1）。

说明文本"检查行驶方向"

图16-5-1　错误行驶警告系统（组合仪表内的显示）

错误行驶警告系统所需信息（标志牌识别）一方面由KAFAS立体摄像机通过交通标志识别提供，另一方面通过导航数据进行校准。会在经过"禁止驶入""交通环岛标志牌"或"规定驶过"等交通标志牌以及标志牌组合时加以考虑。

如图16-5-2所示是发出警告的一种情况示例。

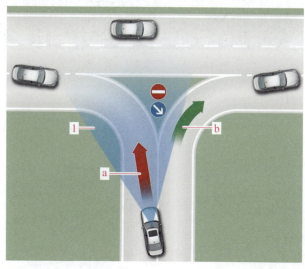

图16-5-2　基于"禁止驶入"和"规定驶过"标志牌识别以及导航数据分析的警告
l—KAFAS立体摄像机探测范围；a—行驶方向；b—存储在导航系统内的高速公路路线

16.6　优先行驶警告系统

优先行驶警告系统在15～65km/h的车速范围内起作用。
在可能存在危险的情况下系统会向驾驶员发出警告。在此根据指示牌以纯视觉（预警）

方式或者以视觉（预警）和声音（严重警告）方式警告驾驶员。

❶ 识别到"给予优先行驶"标志牌时发出预警（图16-6-1）。

图 16-6-1　"给予优先行驶"标志牌

❷ 识别到"停止"标志牌时发出预警和严重警告（图16-6-2）。

图 16-6-2　"停止"标志牌

警告情况示例如图 16-6-3 和图 16-6-4 所示。

 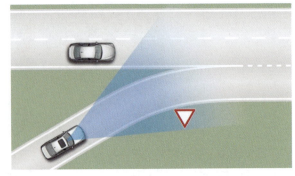

图 16-6-3　带有"停止"标志牌的交叉路口　　图 16-6-4　带有"给予优先行驶"标志牌的交叉路口

16.7　车道变更警告系统

在带有侧面碰撞警告系统的车辆上，可根据"智能型安全系统"菜单内的设置实现系统短时主动转向干预，从而辅助车辆返回自身车道（图 16-7-1）。

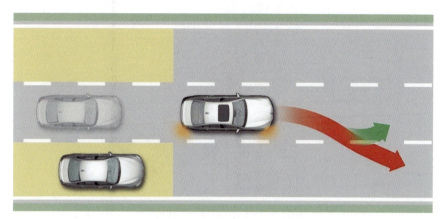

图 16-7-1　车道变更警告系统（主动转向干预）

同时，车外后视镜内的相应车道变更警告系统显示进行闪烁。

在 70～210km/h 车速范围内进行辅助性转向干预。

主动转向干预可通过方向盘感知，但驾驶员可随时对其接管。在驾驶员"接管"的情况下终止主动转向干预。

16.8　交叉路口警告系统

交叉路口警告系统能够提前识别出即将与交叉行驶车辆发生碰撞并在必要时防止碰撞发生。

KAFAS 立体摄像机以及前部雷达传感器（ACC 雷达传感器）监控交通情况，借此获得的信息是系统运行的基础。传感器探测与其他车辆的距离及其速度和移动方向，同样也分析自身车辆的速度。

探测到与交叉行驶车辆有碰撞危险（碰撞前约 1s），并且只有通过不舒适的驾驶操作才能由驾驶员本身或交叉行驶车辆来避免危险，就会发出警告。

> 💡 注意：
> 只有交叉行驶车辆比自身车辆慢时，才发出警告。交叉行驶车辆比自身车辆快时不会发出警告，因为直到即将碰撞前交叉行驶车辆都位于传感器的探测范围之外。

如图 16-8-1 所示为对交叉路口警告系统来说重要的危险区域。

如果通过前瞻性系统识别到危险情况，则通过视觉和声音警告要求驾驶员紧急制动。

同时使制动系统预先做好准备，在此不通过系统自动进行制动干预。为此多次要求驾驶员迅速采取行动并自己进行制动。紧急制动期间必要时会自动提供制动助力，在此根据需要为实现高效紧急制动控制制动压力。

针对从左侧靠近的目标发出警告如图 16-8-2 所示。针对从右侧靠近的目标发出警告如图 16-8-3 所示。仪表显示如图 16-8-4 所示。

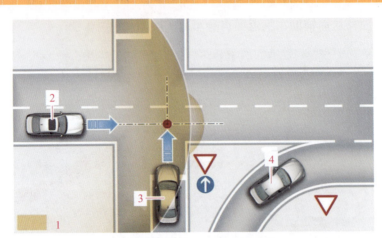

图 16-8-1 对交叉路口警告系统来说重要的危险区域

1—危险区域；2—自身车辆；3—位于危险区域内的车辆；4—危险区域外的车辆

图 16-8-2 针对从左侧靠近的目标发出警告

图 16-8-3 针对从右侧靠近的目标发出警告

图 16-8-4 仪表显示

交叉路口警告系统在 15～65km/h 的车速范围内起作用。

必要时可以通过选择"所有系统关闭"关闭交叉路口警告系统。不能通过 iDrive 菜单单独停用或配置交叉路口警告系统。

16.9 交通标志识别

当前限速和禁止超车信息由交通标志识别功能探测并通过交通标志形式的符号在组合仪表或平视显示屏内显示（图 16-9-1）。

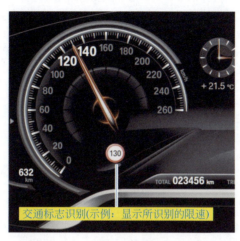

图 16-9-1　组合仪表内的限速显示

与法定标准不符的、特别是没有圆框的限速交通标志始终无法识别，被标签、污物或植物完全或部分遮挡的交通标志也是如此。与交通标志距离较远、车速较快和不利的天气影响，特别是夜间行驶时，会使准确识别交通标志的难度增大。为了确保尽可能准确地显示当前限速，导航地图数据应处于目前最新状态。

16.10 前方道路预测辅助系统

前方道路预测辅助系统用于提示驾驶员松开加速踏板以降低耗油量的理想时刻。
组合仪表或平视显示屏内的显示提示驾驶员注意存在与前方道路预测辅助系统有关的路段（图 16-10-1），并使其能够相应做出反应。

图 16-10-1　组合仪表内的前方道路预测辅助系统显示

16.11 夜视系统

夜视系统可在夜间最佳条件下识别出最远约100m处的行人和动物,尤其可在光线阴暗和恶劣路段上(例如在与树林毗邻的乡村道路上)行驶时为驾驶员提供支持。

识别出危险情况时,系统会在必要时提醒注意道路上的行人和动物。

集成在格栅内的夜视系统摄像机(图16-11-1)拍摄车辆前方区域,并将数据传输至夜视系统电子装置NVE。

由夜视系统电子装置NVE控制单元(图16-11-2)对图像数据进行分析并将相应图像信息传输至Headunit。

图16-11-1 夜视系统摄像机

图16-11-2 夜视系统电子装置NVE控制单元

示例:系统识别类似于人或动物的温热物体,然后根据需要在中央信息显示屏CID上显示出来。

夜视系统识别范围如图16-11-3所示。

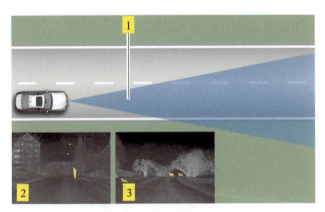

图16-11-3 夜视系统识别范围

1—夜视系统摄像机识别范围;2—识别出行人时的夜视系统摄像机图像(中央信息显示屏CID显示);3—识别出动物时的夜视系统摄像机图像(中央信息显示屏CID显示)

目标识别作用范围如下。

❶ 行人识别:最远约100m。

❷ 大型动物识别：最远约 150m。
❸ 中型动物识别：最远约 70m。
夜视系统的符号及其含义如图 16-11-4 所示。

(a) 预警(行人位于车道上)　(b) 预警(行人穿越车道)　(c) 识别出行人时的严重警告　(d) 识别出动物时的预警　(e) 识别出动物时的严重警告

图 16-11-4　夜视系统的符号及其含义

16.12　注意力辅助系统

注意力辅助系统有助于避免在长时间乏味的行驶过程中因疲劳导致交通事故，该系统是已标配安装的主动保护系统的组成部分。

驾驶员的驾驶方式改变时会被注意力辅助系统识别出来。驾驶员注意力不集中或疲劳时，注意力辅助系统就会在中央信息显示屏 CID 内以检查控制信息形式显示休息建议。

每次启动发动机后达到约 70km/h 以上车速时就会自动启用注意力辅助系统。

16.13　摄像机系统

摄像机系统可在停车入位、挪移或遇到不明显的出口和弯道时提供帮助。

16.13.1　环视系统

环视系统（SA 5DL）以最佳方式再现车辆环境并在中央信息显示屏 CID 中俯视系统和 3D 视图内进行显示。

环视系统由前部摄像机、集成在车外后视镜内的两个摄像机、倒车摄像机 RFK 和顶部后方侧视摄像机 TRSVC 控制单元组成。

四个摄像机的图像通过 3D 计算机图形从不同视角组合为环绕车辆的空间视图。

可选择固定设置视图或自由选择视图（例如挂车缩放和驶入自动洗车设备）。

此外还可在中央信息显示屏 CID 内显示辅助线等辅助功能。

可显示以下摄像机视角：
❶ 自动摄像机视角；
❷ 侧面视图；
❸ 前部摄像机；
❹ 全景系统；
❺ 倒车摄像机；
❻ 移动摄像机视角。

（1）自动摄像机视角

根据相应行驶状况，系统自动提供合适的摄像机视角，从而在驻车和挪移期间为驾驶员提供最佳支持。

自动摄像机视角根据转向情况提供相应视图，会考虑具体行驶方向以及驻车距离监控系统 PDC 提供的车距信息。

只要识别出障碍物，视图就会切换为车辆前方或后方区域固定显示或根据需要切换为相应侧面视图。

（2）侧面视图

该视图可通过显示侧面环境在路沿处或遇到其他侧面障碍物时辅助进行车辆定位。侧面视图采用从后向前的视角，遇到危险情况时会自动对焦到可能的障碍物上。

图像显示既可针对车辆左侧，也可针对车辆右侧。

（3）前部摄像机

前部摄像机可在驶入和驶出停车位以及挪移时为驾驶员提供支持。前部摄像机探测车辆前方区域并在中央信息显示屏 CID 内进行显示。无法单独直接选择前部摄像机视图，为此驾驶员必须选择"自动"摄像机或根据需要打开"全景系统"功能。

（4）全景系统

全景系统可在环境复杂的出口和交叉路口处提前了解交叉行驶情况，从而为驾驶员提供最佳支持。驾驶员可能会很晚才看到或看不到由侧面障碍物遮挡的道路使用者。为了改善视野，前部和倒车摄像机探测侧面道路区域。可根据所挂行驶挡位启用前部或倒车摄像机。显示器内的全景系统视图如图 16-13-1 所示。

图 16-13-1　显示器内的全景系统视图

屏幕视图上的黄线表示车辆前端和后端。摄像机图像在某些区域内会产生不同程度的变形，因此不适用于评估距离。

通过全景系统按钮启用功能，停用时再次操作该按钮。车速超过约 15km/h 时自动停用全景系统功能。

（5）倒车摄像机

倒车摄像机 RFK 可在驶入和驶出停车位以及挪移时为驾驶员提供支持。倒车摄像机 RFK 探测车辆后方区域并在中央信息显示屏 CID 内进行显示（图 16-13-2）。

图 16-13-2　显示器内的倒车摄像机图像视图

（6）移动摄像机视角

选择移动摄像机视角时，中央信息显示屏 CID 内显示围绕车辆的圆形轨道。通过转动控制器或通过触摸功能可选择圆形轨道上的规定视角。

在带有选装配置手势控制（SA 6U8）的车辆上，也可通过该功能控制移动摄像机视角。

通过摄像机符号表示当前视角。根据视图，在中央信息显示屏 CID 内显示（部分）车辆周围环境。显示器内的外部摄像机视图（移动摄像机视角）如图 16-13-3 所示。

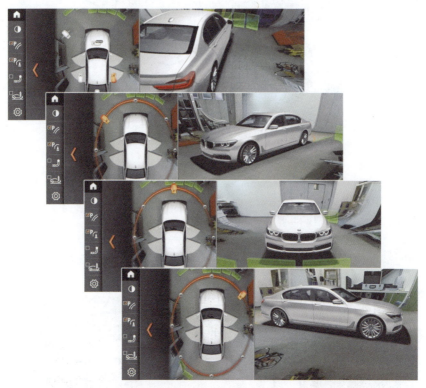

图 16-13-3　显示器内的外部摄像机视图（移动摄像机视角）

通过向侧面推动并按下控制器或通过触摸屏点击启用的摄像机符号可离开视图。

如果通过手势控制进行操作，则在中央信息显示屏 CID 右侧屏幕上显示手势符号（图 16-13-4）。

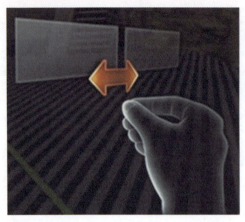

图 16-13-4　通过手势控制转动摄像机图像

16.13.2　外部摄像机操作

成功启用摄像机系统后，驾驶员可通过功能菜单选择相应图像视图或摄像机（图16-13-5）。

图 16-13-5　全景系统按钮的开关组件

1—驻车辅助按钮；2—全景系统按钮

显示器内的外部摄像机视图（摄像机视角）如图 16-13-6 所示。

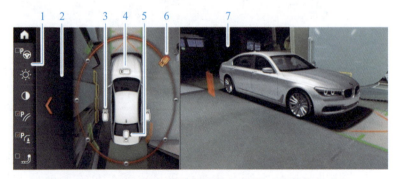

图 16-13-6　显示器内的外部摄像机视图（摄像机视角）

1—功能栏；2—选择窗口；3—侧面视图；4—自动摄像机视角；
5—倒车摄像机；6—移动摄像机视角；7—摄像机图像

16.13.3 辅助功能

可提供以下辅助功能：洗车设备视图；挂车缩放视图；侧面保护；车门开启角度。

（1）洗车设备视图

洗车设备视图可在驶入自动洗车设备时为驾驶员提供支持。选择洗车设备视图时，会在即将驶入自动洗车设备前，在中央信息显示屏 CID 内显示俯视图像视图，同时会在图像内显示自身轮胎轨迹，从而改善定向。

（2）挂车缩放视图

挂车缩放视图可在挂有挂车时提供支持，为此在中央信息显示屏 CID 内放大显示挂车牵引钩图像区域。

驾驶员可通过两个静态圆形区段估算挂车与挂车牵引钩的距离。

（3）侧面保护

侧面保护功能可提醒驾驶员车辆侧面有障碍物，从而在驶入和驶出停车位以及挪移时为驾驶员提供支持。

为了防止车辆侧面与障碍物碰撞，必要时会在中央信息显示屏 CID 内显示车辆侧面的附加障碍物标记（图 16-13-7）。

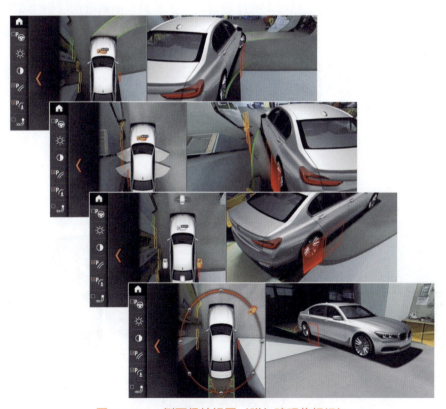

图 16-13-7　侧面保护视图（附加障碍物标记）

（4）车门开启角度

停车并挂入选挡杆位置"P"后，中央信息显示屏 CID 内显示最大车门开启角度。
如果车辆的车门区域内有障碍物且已由侧面保护功能识别出来，则中央信息显示屏 CID

内显示相应标记。

　　障碍物标记显示仅指出车门区域内的障碍物，在此无法通过摄像机系统强制显示，因为车门区域为模拟形式（图16-13-8）。因此仅提示驾驶员车辆侧面有物体，但不会具体说明车门是否与所识别障碍物碰撞，在此驾驶员必须自己估计是否会发生碰撞。

图16-13-8　显示器内的车门开启角度视图

16.13.4　远程3D视图

　　用户可通过其边缘设备将远程请求发送到所停车辆上。车辆拍摄环境图像并发送到边缘设备上，然后通过APP应用创建3D图示，也可以通过手势调整视野，因此驾驶员可以随时查看其车辆的周围环境。

　　实现远程3D视图（远程360°）的前提条件是环视系统，因为该系统包含俯视3D视图。其环视系统照片如图16-13-9所示，智能电话内的视图如图16-13-10所示。

图16-13-9　远程3D视图（环视系统照片）

图 16-13-10　远程 3D 视图（智能电话内的视图）

16.13.5　摄像机系统组件

（1）前部摄像机

前部摄像机居中安装在两个前部装饰格栅之间（图 16-13-11）。

（2）车外后视镜摄像机

两个摄像机直接集成在车外后视镜内（图 16-13-12）。

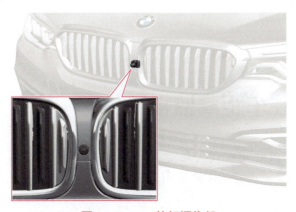

图 16-13-11　前部摄像机

图 16-13-12　车外后视镜摄像机（左侧）

(3) 倒车摄像机

倒车摄像机（图 16-13-13）可在驶入和驶出停车位以及挪移时为驾驶员提供支持。在中央信息显示屏 CID 内显示车辆后方区域。通过集成在图像内的距离辅助线、转弯圆、显示的障碍物标记以及根据需要提供的挂车缩放功能为驾驶员提供额外支持。倒车摄像机位于后备厢盖拉手内。

(4) TRSVC 控制单元

外部摄像机从多个视角探测车辆周围区域，并通过以太网将信息发送至 TRSVC 控制单元。TRSVC 控制单元通过以太网导线将视频信号传输至 Headunit。Headunit 通过 APIX 导线将信号传输至中央信息显示屏 CID。

TRSVC 控制单元位于驾驶员侧脚部空间内（图 16-13-14）。

图 16-13-13　倒车摄像机

图 16-13-14　TRSVC 控制单元

16.14　驻车距离监控系统

驻车距离监控系统 PDC 可在驶入和驶出停车位时为驾驶员提供支持，在此通过声音信号和视觉显示表示目前至障碍物的距离（图 16-14-1）。

通过后部保险杠饰板内的四个超声波传感器和前部保险杠饰板内的另外四个超声波传感器测量与障碍物的距离。

图 16-14-1　显示器内的驻车距离监控系统 PDC 视图

驻车距离监控系统的系统组件如图 16-14-2 所示。

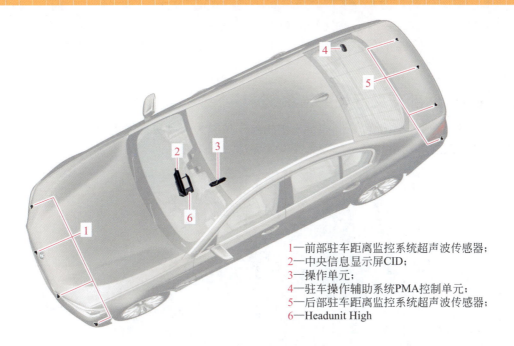

1—前部驻车距离监控系统超声波传感器；
2—中央信息显示屏CID；
3—操作单元；
4—驻车操作辅助系统PMA控制单元；
5—后部驻车距离监控系统超声波传感器；
6—Headunit High

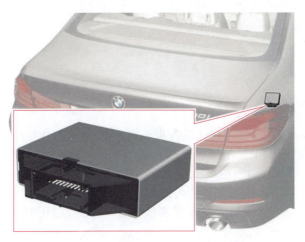

驻车操作辅助系统PMA控制单元

图 16-14-2　驻车距离监控系统组件

16.15 交叉行驶警告系统

如果识别出移动目标以当前速度在接下来约 2s 内进入车辆前方或后方区域内，就会发出视觉和声音警告。

此外还通过后部交叉行驶警告系统控制车外后视镜玻璃内的 LED，在此通过车道变更警告系统的信号单元进行显示。根据目标接近车辆的方向控制左侧或右侧车外后视镜内的显示。

在约 7km/h 以下车速时，交叉行驶警告系统启用。该功能的其他前提条件是侧面雷达传感器可探测道路或正在接近的目标。雷达传感器能够探测距离车辆最远约 80m 内的目标。

16.15.1 后部交叉行驶警告系统

后部交叉行驶警告系统可在例如倒车驶出停车位时为驾驶员提供支持，在不易看清交通情况的条件下提醒可能会与交叉行驶车流发生碰撞（图 16-15-1）。

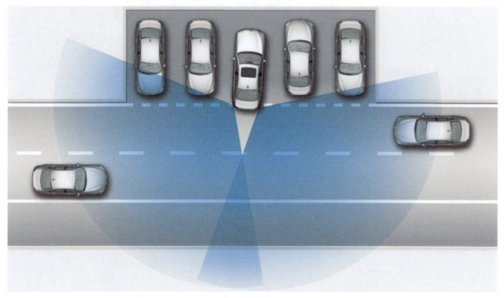

图 16-15-1 后部交叉行驶警告系统示例（驶出停车位过程）

后部交叉行驶警告功能包含在选装配置行驶辅助系统内。在中央信息显示屏 CID 内驻车距离监控系统 PDC 图像中显示警告。

配合选装配置倒车摄像机使用时，为后部交叉行驶警告系统在中央信息显示屏 CID 内增加一项附加显示。在摄像机视频图像内以红色显示条形式显示警告。

驾驶员挂入行驶挡位"R"或驻车距离监控系统 PDC 启用时，主动接通后部交叉行驶警告系统。

在带有选装配置高级驻车辅助系统的车辆上，如果事先启用了全景系统，则也会主动接通后部交叉行驶警告系统。

后部交叉行驶警告系统在不超过约 7km/h 的车速范围内可供使用。

16.15.2 前部交叉行驶警告系统

前部交叉行驶警告系统可在例如从出口处或复杂交叉路口处驶入交叉行驶车流时为驾驶员提供支持。

前部交叉行驶警告系统包含在选装配置高级行驶辅助系统内，因此装有前部交叉行驶警告系统时，会自动配备后部系统。

在中央信息显示屏 CID 内驻车距离监控系统 PDC 图像中显示警告。

驻车距离监控系统 PDC 启用且自身车辆速度不超过约 7km/h 时，会主动接通前部交叉行驶警告系统。

在带有选装配置高级驻车辅助系统的车辆上，如果事先启用了全景系统，则也会主动接通前部交叉行驶警告系统。

与后部交叉行驶警告系统相同，前部交叉行驶警告系统功能也在约 7km/h 的车速范围内可供使用。

16.16 驻车操作辅助系统

驻车操作辅助系统 PMA 可为驾驶员提供两方面的支持：一方面辅助系统可以测量停车位大小，并根据测量结果确定停车位是否够大；另一方面可减少驾驶员停车入位的操作。

驻车操作辅助系统 PMA 不再作为单独的选装配置提供。在 G30 上驻车操作辅助系统 PMA 包含在选装配置驻车辅助系统内。驻车辅助系统只与选装配置自动防眩目车外后视镜一起提供。

驻车操作辅助系统 PMA 可辅助停入与道路平行（纵向停车）和垂直（横向停车）的停车位。

（1）纵向停车

纵向停车示例如图 16-16-1 所示。

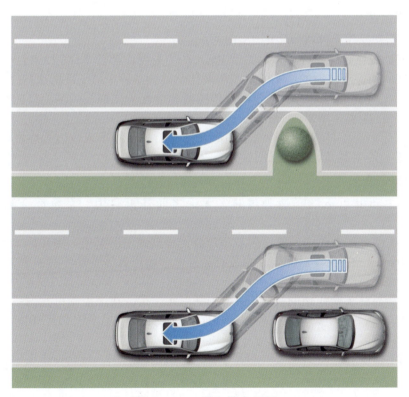

图 16-16-1　纵向停车示例

（2）横向停车

横向停车示例如图 16-16-2 所示。

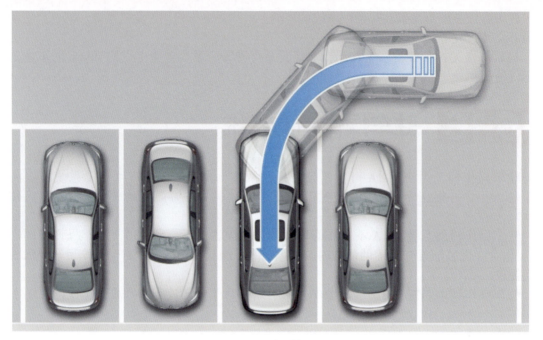

图 16-16-2　横向停车示例

（3）系统组件

重要传感器和操作元件概览（图 16-16-3）：

❶ 驻车辅助按钮是驻车操作辅助系统 PMA 的主要操作部件（序号 8）；

❷ 行驶期间前保险杠内的两个附加超声波传感器测量停车位（序号 1）；

❸ 通过后保险杠饰板内的四个超声波传感器和前保险杠饰板内的另外四个超声波传感器测量与障碍物的距离（序号 11 和 19）；

❹ 通过位于后保险杠内的另外两个超声波传感器，在停车入位过程中准确探测横向停车位。附加 PDC 传感器测量与所识别目标的距离。

（4）工作原理

在以约 35km/h 以下的车速驶过时，无论之前是否启用，系统都会测量可能的停车位。

通过集成在前部车轮罩内的两个附加超声波传感器测量停车位。为在停车入位过程中准确确定横向停车位，在 G30 后保险杠内装有另外两个超声波传感器。附加 PDC 传感器测量与所识别目标的距离。

四个传感器与驻车操作辅助系统 PMA 控制单元连接，在该控制单元内还执行驻车距离监控系统 PDC 功能。四个超声波传感器的功能与驻车距离监控系统 PDC 相似，即发出超声波脉冲并接收回声脉冲。

只要找到了长度和宽度满足要求的停车位且系统已经启用，就会在中央信息显示屏 CID 内为驾驶员显示该车位。

在搜索停车位和停车入位过程中，驾驶员可通过集成显示获得有关停车位本身、停车入位辅助状态和相应处理说明直至与其他目标距离的所有信息。

监控车辆周围情况仍像以前一样是驾驶员的责任所在。根据车辆周围情况的需要，驾驶员可随时对自动停车入位操作进行干预。

第 16 章 驾驶辅助系统零部件识别、作用及工作原理

图 16-16-3 驻车操作辅助系统 PMA 系统组件

1—驻车操作辅助系统超声波传感器；2—数字式发动机电子系统 DME；3—车身域控制器 BDC；4—中央信息显示屏 CID；5—Headunit High；6—碰撞和安全模块 ACSM；7—控制器 CON；8—驻车辅助按钮；9—后部侧面驻车距离监控系统超声波传感器；10—驻车操作辅助系统 PMA 控制单元；11—后部驻车距离监控系统超声波传感器；12—转向柱开关中心 SZL；13—组合仪表 KOMBI；14—选装配置系统 SAS 控制单元；15—动态稳定控制系统 DSC；16—数字式发动机电子系统 2（DME2）；17—电子助力转向系统 EPS；18—变速箱电子控制系统 EGS；19—前部驻车距离监控系统超声波传感器

16.17 遥控驻车辅助系统

这个辅助系统可通过宝马显示屏钥匙遥控车辆驶入和驶出停车位。

通过这种方式，系统可在无法实现驾驶员舒适上下车的狭窄正向停车位（例如车库和停车楼内）处为驾驶员提供支持。

通过在宝马显示屏钥匙上启用"遥控驻车"功能，可向前和向后自动停入正向停车位内（图 16-17-1）。

图 16-17-1　遥控驻车（一）

由驻车距离监控系统 PDC 和驻车操作辅助系统 PMA 的超声波传感器以及环视系统摄像机在其系统极限内监控整个驻车过程，在此过程中驾驶员位于车外。驾驶员负责通过直接观察检查车辆周围情况，并能够随时通过显示屏钥匙终止驻车过程（图 16-17-2）。如果驾驶员离开了操作范围，车辆就会自动停止。

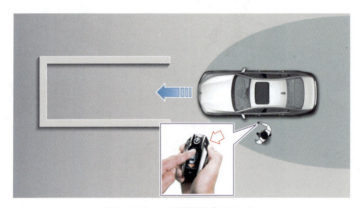

图 16-17-2　遥控驻车（二）

（1）对停车位的要求

图 16-17-3 解释了停车位必须满足哪些要求或前提条件才能使用遥控驻车功能。

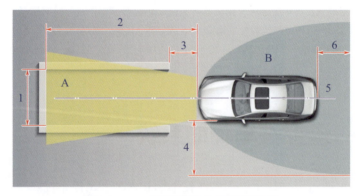

图 16-17-3　遥控停车入位前提条件

1—最小停车位宽度为 2.7m；2—最大移动距离为 9m；3—与停车位的最大距离为 2m；4—驾驶员与车辆侧面最大距离为 1.5m；5—通过微小转向修正补偿相对于停车位中心的最大 3°偏转和最大 10cm 偏移；6—驾驶员与车辆后方最大距离为 3m；A—可能的停车范围；B—可能的操作范围

（2）系统概览

顶部后方侧视摄像机控制单元和选装配置系统控制单元是遥控驻车功能的主要系统组件。

通过驻车距离监控系统和驻车操作辅助系统的超声波传感器以及环视系统摄像机进行环境识别。进行驾驶员或显示屏钥匙定位时使用舒适登车系统天线和遥控驻车天线。

图 16-17-4 突出展示了除用于驻车操作辅助系统方面外，还用于遥控驻车的相关组件。

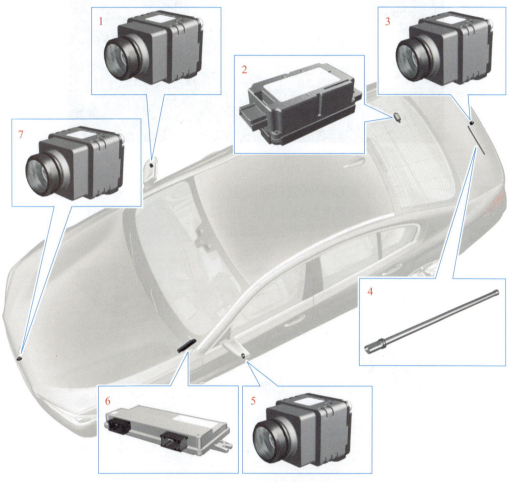

图 16-17-4　遥控驻车系统组件

1—右侧侧视摄像机；2—遥控信号接收器 FBD；3—倒车摄像机 RFK；4—遥控驻车天线；
5—左侧侧视摄像机；6—顶部后方侧视摄像机 TRSVC 控制单元；7—前部摄像机

16.18　车道导向和堵车辅助系统

行驶期间，汽车驾驶员通常希望在单调的情况下减轻负担，例如堵车时或交通缓慢时。除了具有停车和起步功能的主动定速巡航控制系统外，现在还通过转向和车道导向辅助系统为驾驶员提供支持。

转向和车道导向辅助系统包括堵车辅助系统是选装配置高级行驶辅助系统的组成部分。系统可根据需要通过校正式转向干预辅助驾驶员使车辆保持在车道内行驶。主动转向干预如图 16-18-1 所示。

图 16-18-1　主动转向干预

工作原理：系统根据车速以车道分界线或前方车辆为导向，通过五个雷达传感器和 KAFAS 立体摄像机确定车道分界线和前方车辆的位置。

雷达传感器和 KAFAS 立体摄像机安装位置如图 16-18-2 所示。

图 16-18-2　雷达传感器和 KAFAS 立体摄像机安装位置

1—右侧雷达传感器 RSR 控制单元；2—KAFAS 立体摄像机；3—右侧车道变更警告系统（主控单元）；4—左侧车道变更警告系统（副控单元）；5—左侧雷达传感器 RSL 控制单元；6—主动定速巡航控制系统 ACC

16.19 车道变更辅助系统

如果转向和车道导向辅助系统启用时驾驶员操作转向信号灯（"转向灯点动"并保持至少约 1s），则启用车道变更辅助系统。由此系统获知驾驶员希望通过系统支持变更到相邻车道上。

首先分析是否可以无危险地进行车道变更以及操作空间是否足够大，在此借助侧面雷达传感器以及 KAFAS 立体摄像机的数据监控周围环境。摄像机数据主要用于识别车道。

雷达传感器不仅负责识别物体，而且能够考虑所识别车辆在环境中的速度。

雷达传感器的监控范围按如图 16-19-1～图 16-19-3 所示方式进行划分。

图 16-19-1　针对车辆之后车辆的传感器监控范围
1—约 70m

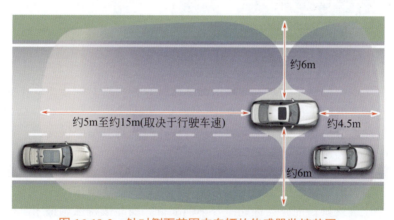

图 16-19-2　针对侧面范围内车辆的传感器监控范围

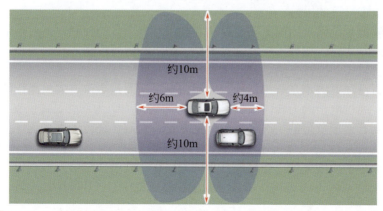

图 16-19-3　针对侧面范围内非移动物体（路边种植物）的传感器监控范围

16.20 避让绕行辅助系统

通常只能通过避让绕行操作避免与另一辆车（例如堵车时最后一辆车）或障碍物碰撞。因为与制动操作时相似，避让绕行操作时驾驶员的反应时间起决定性作用，所以避让绕行辅助系统（图 16-20-1）可以非常显著地防止出现碰撞危险。

避让绕行辅助系统可在必须避让障碍物的危险行驶状况下，通过有针对性的转向干预为驾驶员提供支持。

此外该系统还有助于在避让绕行操作期间或之后使车辆保持稳定，这一点通过动态稳定控制系统 DSC、电子助力转向系统 EPS 和辅助系统传感器数据分析之间的相互作用实现。

图 16-20-1　避让绕行辅助系统（一）

工作原理：如果识别到车辆前方突然出现障碍物且驾驶员必须快速避让该障碍物的同时不必"显著"制动，就会进行紧急情况避让绕行。

避让绕行辅助系统可在紧急情况下避让绕行操作时为驾驶员提供支持，该系统计算从障碍物旁经过时的最佳"避让绕行轨迹"。

在自身车辆的物理极限范围内计算"避让绕行轨迹"。在此计算出的"避让绕行轨迹"设计用于使横向动力最小化（图 16-20-2）。

预计进行避让绕行操作前，会预先做好车辆准备。在此按特性调整用于稳定车辆的所有功能，以便为驾驶员提供最大支持，因此可以在紧急进行避让绕行操作时，降低车辆状态不稳定或驾驶员负担过重的风险。

避让绕行辅助系统检查当前车辆位置和驾驶员对方向盘的控制，然后将信息与计算出的"避让绕行轨迹"比较。如果系统识别到偏差，则协调进行校正式转向干预，以按照事先估计的"避让绕行轨迹"操控车辆。

设计系统时已注意到不是解决驾驶员的转向要求，而是更改方向盘操作的触觉。进行避让绕行操作时，通过电子助力转向系统 EPS 的附加支持力矩为驾驶员提供支持。

如果识别到有碰撞危险的情况且发出严重警告，则避让绕行辅助系统评估交通情况。系统根据这种危险情况分析用于避让绕行操作的自由空间，为此雷达传感器和 KAFAS 立体摄像机监控车辆周围环境。如果前方车辆旁存在一种避让绕行方案且识别到本车侧面没有碰撞物体，则该系统可能进行支持性干预。该系统在 40～160km/h 的车速范围内为驾驶员提供支持。

第 16 章 驾驶辅助系统零部件识别、作用及工作原理

图 16-20-2 避让绕行辅助系统（二）

驾驶员通过快速操作方向盘开始进行避让绕行操作，同时确定避让绕行方向。必要时会中止或抑制严重警告引起的制动干预。通过电子助力转向系统 EPS 进行支持性转向干预。

系统使车辆"敏捷地"转过障碍物，同时使车辆重新"稳定"在避让绕行通道内。

由于改善了车辆对驾驶员转向命令的反应，因此可以在不危及车辆总体稳定性的情况下快速高效地避让绕行。

避让绕行辅助系统概览如图 16-20-3 所示。

下面解释哪些主要组件或传感器对避让绕行辅助系统来说是重要的。

❶ 具有停车和起步功能的主动定速巡航控制系统借助 KAFAS 立体摄像机和前部雷达传感器识别物体或障碍物。

❷ 四个侧面雷达传感器监控车辆周围环境。在此同样分析 KAFAS 立体摄像机的数据，从而识别用于避让绕行的自由空间。

❸ 在选装配置系统 SAS 控制单元内计算规定轨迹，即真正的"避让绕行轨迹"。

❹ 动态稳定控制系统 DSC 控制单元内的行驶动态管理功能软件根据"避让绕行轨迹"计算规定转向力矩。

❺ 规定转向力矩由电子助力转向系统 EPS 转换为发动机扭矩，最终用于根据需要进行支持性转向干预。最大可设置转向力矩的设计方案是，驾驶员始终可对其进行控制和接管。

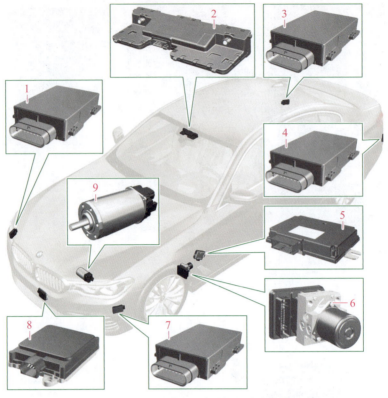

图 16-20-3 避让绕行辅助系统概览

1—右侧雷达传感器 RSR 控制单元；2—KAFAS 立体摄像机；3—右侧车道变更警告系统（主控单元）；4—左侧车道变更警告系统（副控单元）；5—SAS 选装配置系统；6—动态稳定控制系统 DSC；7—左侧雷达传感器 RSL 控制单元；8—主动定速巡航控制系统 ACC；9—电子助力转向系统（电动机械式助力转向系统）EPS